DR. OETKER

WINTER IM GLAS

MARMELADE, CHUTNEY & LIKÖR

DR. OETKER

WINTER IM GLAS

MARMELADE, CHUTNEY & LIKÖR

Dr. Oetker Verlag

Vorwort

Einmachen dient heute weniger der Vorratshaltung, sondern ist eine Möglichkeit, eigene Geschmacks-Ideen zu verwirklichen.

Konfitüren, Marmeladen und Gelees, Liköre und Aufgesetzte, Chutneys und Relishes, marinierte Köstlichkeiten und süßsauer Eingelegtes – mit diesen süßen und pikanten Köstlichkeiten bereichern Sie das ganze Jahr hindurch Ihren Speiseplan.

Fast jede Obst- und Gemüsesorte kann mit Kräutern und Gewürzen raffiniert eingekocht, eingemacht und eingelegt werden. Hübsch verpackt und etikettiert werden daraus besondere Geschenke für Menschen, die uns am Herzen liegen. Schließlich ist alles mit ganz viel Liebe zubereitet worden.

Alle Rezepte wurden überarbeitet und so beschrieben, dass sie Ihnen garantiert gelingen.

Ananas-Apfel-Konfitüre mit Sauerkrautsaft

Raffiniert

etwa 5 Gläser je 200 ml

500 g frische Ananas
(aus dem Kühlregal,
vorbereitet gewogen)
300 g Äpfel, z. B. Jonagold
(2–3 Äpfel, vorbereitet
gewogen)
200 ml Sauerkrautsaft, naturtrüb
500 g Zucker
1 Beutel Gelfix Extra 2:1 (25 g)
1 Pck. Zitronensäure (5 g)

Zubereitungszeit: **35 Minuten**
Haltbarkeit: **kühl und dunkel
gestellt 3–4 Monate**
Insgesamt:
E: 4 g, F: 2 g, Kh: 617 g,
kJ: 10691, kcal: 2555, BE: 51,5

1. Ananasscheiben zuerst in Scheiben und dann in kleine Stücke schneiden, den Saft dabei auffangen und insgesamt 500 g abwiegen. Äpfel schälen, vierteln, entkernen, in kleine Stücke schneiden und 300 g abwiegen.

2. Ananas- und Apfelstücke mit dem Sauerkrautsaft in einen großen Kochtopf geben.

3. Abgewogene Zuckermenge mit Gelfix Extra und Zitronensäure mischen, zu der Fruchtmasse in den Topf geben und gut unterrühren.

4. Die Zutaten unter Rühren bei starker Hitze zum Kochen bringen und unter ständigem Rühren mindestens 3 Minuten sprudelnd kochen lassen. Topf von der Kochstelle nehmen.

5. Das Kochgut evtl. abschäumen und sofort randvoll in vorbereitete Gläser füllen. Gläser mit Twist-off-Deckeln® verschließen, umdrehen und etwa 5 Minuten auf den Deckeln stehen lassen.

Tipp: Die Konfitüre statt süßem Senf zum Weißwurst-Essen reichen.

Ananasgelee

Foto – für Kinder

etwa 4 Gläser je 200 ml

750 ml Ananassaft
(von etwa 3 großen Ananas)
400 g Zucker
1 Beutel Gelfix Extra 2:1 (25 g)

Zubereitungszeit: 35 Minuten,
ohne Entsaftungszeit
Haltbarkeit: kühl und dunkel
gestellt etwa 1 Jahr
Insgesamt:
E: 3 g, F: 1 g, Kh: 510 g,
kJ: 8814, kcal: 2104, BE: 41,0

1. Von den Ananas jeweils das Blatt- und Strunkende entfernen. Dann die schuppige Schale möglichst dick abschneiden, damit die „Augen" mitentfernt werden. Die Ananas jeweils vierteln und den mittleren harten Strunk herausschneiden. Die Ananasviertel in grobe Stücke schneiden, mithilfe eines Schnellkochtopfes oder Dampfentsafters entsaften (Gebrauchsanleitung des Geräteherstellers beachten) und 750 ml Saft abmessen.

2. Ananassaft in einen großen Kochtopf geben. Die abgewogene Zuckermenge mit Gelfix Extra mischen und dann mit dem Ananassaft gut verrühren.

3. Die Zutaten unter Rühren bei starker Hitze zum Kochen bringen und unter ständigem Rühren mindestens 3 Minuten sprudelnd kochen lassen. Den Topf von der Kochstelle nehmen.

4. Kochgut evtl. abschäumen und sofort randvoll in vorbereitete Gläser füllen. Gläser mit Twist-off-Deckeln® verschließen, umdrehen und etwa 5 Minuten auf den Deckeln stehen lassen.

Lemon-Curd

Mit Alkohol

2–3 Gläser je 200 ml

150 ml Zitronensaft
(von 5 Zitronen)
100 ml Orangensaft
(von 2 Orangen)
100 g Butter
30 g gesiebte Speisestärke
150 ml Weißwein
150 g Zucker
1 Pck. Dr. Oetker Finesse
Geriebene Zitronenschale

Zubereitungszeit: 15 Minuten
Haltbarkeit: kühl und dunkel
gestellt etwa 4 Wochen, geöffnete
Gläser innerhalb von 3 Wochen
verbrauchen
Insgesamt:
E: 0 g, F: 83 g, Kh: 189 g,
kJ: 6937, kcal: 1658, BE: 15,5

1. Zitronen auspressen und 150 ml Zitronensaft abmessen. Orangen auspressen und 100 ml Orangensaft abmessen.

2. Butter in einem Topf bei mittlerer Hitze zerlassen. Speisestärke darin unter Rühren so lange erhitzen, bis sie hellgelb ist. Zitronen-, Orangensaft und Weißwein unter Rühren mit einem Schneebesen hinzufügen. Dabei darauf achten, dass keine Klümpchen entstehen. Zucker und Zitronenschale hinzufügen, unter Rühren zum Kochen bringen und etwa 2 Minuten kochen lassen, dabei ab und zu umrühren. Topf von der Kochstelle nehmen.

3. Kochgut sofort randvoll in vorbereitete Gläser füllen und mit Twist-off-Deckeln® verschließen. Gläser umdrehen und etwa 5 Minuten auf den Deckeln stehen lassen.

Apfelgelee mit Rosmarin

Foto – raffiniert

etwa 4 Gläser je 200 ml

900 ml klarer Apfelsaft
(von etwa 1,6 kg Äpfeln)
2–3 EL frische, klein gehackte
Rosmarinnadeln
500 g Extra Gelierzucker 2:1

Zubereitungszeit: 45 Minuten,
ohne Entsaftungs- und Abkühlzeit
Haltbarkeit: kühl und dunkel
gestellt 3–4 Monate
Insgesamt:
E: 1 g, F: 0 g, Kh: 593 g,
kJ: 10232, kcal: 2416, BE: 49,5

1. Äpfel abspülen, abtropfen lassen, vierteln und mithilfe eines Schnellkochtopfes oder Dampfentsafters entsaften (bitte Gebrauchsanleitung des Geräteherstellers beachten). Den Saft evtl. filtern, abkühlen lassen und 900 ml Saft abmessen.

2. Den Apfelsaft mit Rosmarin und Extra Gelierzucker in einem großen Kochtopf gut verrühren.

3. Alles unter Rühren bei starker Hitze zum Kochen bringen und unter ständigem Rühren mindestens 3 Minuten sprudelnd kochen lassen. Den Topf von der Kochstelle nehmen.

4. Kochgut evtl. abschäumen und sofort randvoll in vorbereitete Gläser füllen. Die Gläser mit Twist-off-Deckeln® verschließen, umdrehen und etwa 5 Minuten auf den Deckeln stehen lassen.

> Tipp: Einfacher und schneller geht es, wenn Sie 900 ml gekauften Apfelsaft verwenden.

Apfel-Birnen-Gelee

Klassisch

etwa 6 Gläser je 200 ml

450 ml Apfelsaft
(von etwa 850 g Äpfeln)
400 ml Birnensaft
(von etwa 1 kg Birnen)
1 Beutel Gelfix Classic 1:1 (20 g)
1 kg Zucker

Zubereitungszeit: 40 Minuten,
ohne Entsaftungszeit
Haltbarkeit: kühl und dunkel
gestellt etwa 1 Jahr
Insgesamt:
E: 3 g, F: 3 g, Kh: 1095 g,
kJ: 18750, kcal: 4479, BE: 91,0

1. Zum Vorbereiten Äpfel und Birnen waschen, abtropfen lassen, vierteln und jeweils mithilfe eines Schnellkochtopfes oder Dampfentsafters entsaften (Gebrauchsanleitung des Geräteherstellers beachten). Säfte abkühlen lassen und insgesamt 450 ml Apfel- und 400 ml Birnensaft abmessen.

2. Fruchtsäfte in einen großen Kochtopf geben. Gelfix Classic zuerst mit 2 Esslöffeln des Zuckers mischen, dann mit dem Fruchtsaft gut verrühren.

3. Das Kochgut unter Rühren bei starker Hitze zum Kochen bringen. Sobald alles bei ständigem Rühren sprudelnd kocht, restlichen Zucker hinzufügen. Alles unter Rühren wieder zum Kochen bringen und unter ständigem Rühren mindestens 3 Minuten sprudelnd kochen lassen. Topf von der Kochstelle nehmen.

4. Kochgut evtl. abschäumen und sofort randvoll in vorbereitete Gläser füllen. Gläser mit Twist-off-Deckeln® verschließen, umdrehen und etwa 5 Minuten auf den Deckeln stehen lassen.

Apfel-Limetten-Gelee

Einfach

etwa 6 Gläser je 200 ml

200 g Limettenfilets und -saft
(von etwa 6 Limetten, davon
1 Bio-Limette)
650 ml klarer Apfelsaft
(Handelsware)
1 Beutel Gelfix Classic 1:1 (20 g)
1 kg Zucker

Zubereitungszeit: 60 Minuten
Haltbarkeit: kühl und dunkel
gestellt etwa 1 Jahr
Insgesamt:
E: 2 g, F: 5 g, Kh: 1082 g,
kJ: 18657, kcal: 4463, BE: 90,0

1. Bio-Limette heiß abwaschen, trocken reiben und die Schale mit einem scharfen Messer dünn abschälen oder mit einem Zestenreißer Streifen abziehen. Limettenschale in sehr feine Streifen schneiden.

2. Alle Limetten so schälen, dass die weiße Haut vollständig entfernt wird. Fruchtfilets herausschneiden, dabei den Saft auffangen und insgesamt 200 g Limettenfilets und -saft abwiegen.

3. Limettenfilets, -saft und Apfelsaft in einen großen Kochtopf geben. Gelfix Classic zuerst mit 2 Esslöffeln der abgewogenen Zuckermenge mischen, dann mit der Fruchtmasse gut ver- rühren.

4. Die Zutaten unter Rühren bei starker Hitze zum Kochen bringen. Sobald alles bei ständigem Rühren sprudelnd kocht, restlichen Zucker hinzufügen.

5. Alles unter Rühren wieder zum Kochen bringen und unter ständigem Rühren mindestens 2 Minuten sprudelnd kochen lassen. Limettenschalenstreifen hinzufügen und noch 1 Minute unter ständigem Rühren sprudelnd mitkochen lassen. Den Topf von der Kochstelle nehmen.

6. Kochgut evtl. abschäumen und sofort randvoll in vorbereitete Gläser füllen. Gläser mit Twist-off-Deckeln® verschließen, umdrehen und etwa 5 Minuten auf den Deckeln stehen lassen.

7. Die Gläser während des Erkaltens gelegentlich umdrehen, damit sich die Limettenschalenstreifen besser verteilen.

> **Tipp:** Wünschen Sie eine stärkere Festigkeit, rühren Sie 1 Päckchen Zitronensäure (5 g) unter das heiße Gelee und machen noch eine zweite Gelierprobe, ehe Sie das Gelee einfüllen.

Birnen-Möhren-Konfitüre mit rosa Pfefferbeeren

Foto – zum Verschenken

etwa 5 Gläser je 200 ml

600 g reife Birnen
(vorbereitet gewogen)
250 g fein geraspelte Möhren
(vorbereitet gewogen)
50 ml klarer Apfelsaft
(Handelsware)
1 geh. TL rosa Pfefferbeeren
500 g Extra Gelierzucker 2:1

Zubereitungszeit: 45 Minuten
Haltbarkeit: kühl und dunkel
gestellt 3–4 Monate
Insgesamt:
E: 6 g, F: 3 g, Kh: 602 g,
kJ: 10413, kcal: 2459, BE: 50,0

1. Die Birnen schälen, vierteln, entkernen, in kleine Stücke schneiden und 600 g abwiegen. Möhren putzen, schälen, abspülen, abtropfen lassen, auf einer Haushaltsreibe fein raspeln und 250 g abwiegen.

2. Birnenstücke mit den Möhrenraspeln, Apfelsaft und Pfefferbeeren in einem großen Kochtopf vermischen. Extra Gelierzucker gut unterrühren.

3. Die Zutaten unter Rühren bei starker Hitze zum Kochen bringen und unter ständigem Rühren mindestens 3 Minuten sprudelnd kochen lassen. Den Topf von der Kochstelle nehmen.

4. Kochgut evtl. abschäumen und sofort randvoll in vorbereitete Gläser füllen. Die Gläser mit Twist-off-Deckeln® verschließen, umdrehen und etwa 5 Minuten auf den Deckeln stehen lassen.

Birnen-Apfel-Konfitüre

Einfach

etwa 7 Gläser je 200 ml

500 g Birnen
(vorbereitet gewogen)
500 g Äpfel
(vorbereitet gewogen)
je 1 Msp. gemahlener Zimt und
Gewürznelken
1 Pck. Zitronensäure (5 g)
1 Beutel Gelfix Classic 1:1 (20 g)
1150 g Zucker

Zubereitungszeit: 45 Minuten
Haltbarkeit: kühl und dunkel
gestellt etwa 1 Jahr
Insgesamt:
E: 4 g, F: 4 g, Kh: 1270 g,
kJ: 21772, kcal: 5203, BE: 106,0

1. Birnen und Äpfel waschen, schälen, vierteln, entkernen, in kleine Stücke schneiden und jeweils 500 g abwiegen. Fruchtstücke mit Zimt, Nelken und Zitronensäure in einen großen Kochtopf geben.

2. Gelfix Classic zuerst mit 2 Esslöffeln des Zuckers mischen, dann mit den Fruchtstücken verrühren. Das Kochgut unter Rühren bei starker Hitze zum Kochen bringen. Sobald alles bei ständigem Rühren sprudelnd kocht, noch den restlichen Zucker hinzufügen.

3. Alles unter Rühren wieder zum Kochen bringen und unter ständigem Rühren mindestens 3 Minuten sprudelnd kochen lassen. Topf von der Kochstelle nehmen.

4. Kochgut evtl. abschäumen und sofort randvoll in vorbereitete Gläser füllen. Gläser mit Twist-off-Deckeln® verschließen, umdrehen und etwa 5 Minuten auf den Deckeln stehen lassen.

Bananen-Grapefruit-Limetten-Konfitüre

Für Kinder

etwa 5 Gläser je 200 ml

200 ml Pink-Grapefruitsaft
(von etwa 1 Grapefruit)
100 ml Limettensaft
(von etwa 5 Limetten)
100 ml Wasser
600 g Bananen-Fruchtfleisch
(5–6 Bananen)
500 g Extra Gelierzucker 2:1

Zubereitungszeit: **40 Minuten**
Haltbarkeit: **kühl und dunkel
gestellt 3–4 Monate**
Insgesamt:
E: 9 g, F: 1 g, Kh: 637 g,
kJ: 11278, kcal: 2668, BE: 53,5

1. Die Grapefruit halbieren, den Saft auspressen und 200 ml abmessen. Limetten ebenfalls halbieren, den Saft auspressen und 100 ml abmessen. Grapefruit-, Limettensaft und Wasser in einen großen Kochtopf geben.

2. Bananen schälen, die Hälfte von dem Bananen-Fruchtfleisch zu den Säften in den Topf geben und fein pürieren.

3. Restliches Bananen-Fruchtfleisch in Stücke schneiden und zu dem Saft-Bananen-Püree in den Topf geben. Gelierzucker hinzugeben und gut unterrühren.

4. Die Zutaten unter Rühren bei starker Hitze zum Kochen bringen und unter ständigem Rühren mindestens 3 Minuten sprudelnd kochen lassen. Den Topf von der Kochstelle nehmen.

5. Kochgut evtl. abschäumen und sofort randvoll in vorbereitete Gläser füllen. Gläser mit Twist-off-Deckeln® verschließen, umdrehen und etwa 5 Minuten auf den Deckeln stehen lassen.

Tipp: Wichtig ist, dass die Konfitüre während des Kochens immer gut gerührt wird, da sie schnell am Topfboden ansetzt. Statt Pink-Grapefruitsaft Orangensaft verwenden. Die Konfitüre zu einem Schokoladenpudding reichen.

Feigenkonfitüre mit Rhabarbersaft und Kakifrucht

Foto – exotisch

etwa 5 Gläser je 200 ml

450 g frische, reife, blaue Feigen
(vorbereitet gewogen,
7–8 große Feigen je etwa 100 g)
250 g Kakifrucht
(Sharonfrucht, etwa 2 Stück,
vorbereitet gewogen)
300 ml Rhabarber-Direktsaft
(Rhabarbertrunk 60 %)
500 g Extra Gelierzucker 2:1
1 Pck. Zitronensäure (5 g)

Zubereitungszeit: 35 Minuten
Haltbarkeit: kühl und dunkel
gestellt 3–4 Monate
Insgesamt:
E: 9 g, F: 3 g, Kh: 598 g,
kJ: 10637, kcal: 2510, BE: 50,0

1. Feigen abspülen, gut abtropfen lassen, entstielen, schälen, in kleine Stücke schneiden und 450 g abwiegen. Kakifrüchte abspülen, abtrocknen, schälen, in kleine Stücke schneiden und 250 g abwiegen. Feigen- und Kakifruchtstücke mit dem Rhabarber-Direktsaft in einen großen Kochtopf geben und mit Extra Gelierzucker und Zitronensäure gut verrühren.

2. Die Zutaten unter Rühren bei starker Hitze zum Kochen bringen und unter ständigem Rühren mindestens 3 Minuten sprudelnd kochen lassen. Den Topf von der Kochstelle nehmen.

3. Kochgut evtl. abschäumen und sofort randvoll in vorbereitete Gläser füllen. Die Gläser mit Twist-off-Deckeln® verschließen, umdrehen und etwa 5 Minuten auf den Deckeln stehen lassen.

> **Tipp:** Statt Kakifrüchte 250 g vorbereitete, gelbe Pfirsiche verwenden.

Feigen-Fruchtaufstrich

Mit Alkohol

etwa 4 Gläser je 200 ml

300 g frische Feigen (etwa
5 Stück, vorbereitet gewogen)
1 Zitrone
etwa 450 ml Apfelsaft
(Handelsware)
200 ml Portwein
350 g brauner Zucker
1 Beutel Gelfix Super 3:1 (25 g)

Zubereitungszeit: 40 Minuten
Haltbarkeit: kühl und dunkel
gestellt etwa 1 Jahr
Insgesamt:
E: 6 g, F: 3 g, Kh: 469 g,
kJ: 9168, kcal: 2188, BE: 39,0

1. Die Feigen waschen, abtropfen lassen, entstielen, schälen, in kleine Stücke schneiden und 300 g abwiegen. Zitrone halbieren und den Saft auspressen. Zitronensaft mit Apfelsaft auf 500 ml auffüllen.

2. Feigenstücke, Portwein und die Zitronen-Apfelsaft-Mischung in einen großen Kochtopf geben. Zucker mit Gelfix Super mischen, dann mit der Fruchtmasse gut verrühren.

3. Alles unter Rühren bei starker Hitze zum Kochen bringen und unter ständigem Rühren mindestens 3 Minuten sprudelnd kochen lassen. Topf von der Kochstelle nehmen.

4. Kochgut evtl. abschäumen und sofort randvoll in vorbereitete Gläser füllen. Gläser mit Twist-off-Deckeln® verschließen, umdrehen und etwa 5 Minuten auf den Deckeln stehen lassen.

Feigenkonfitüre mit Kumquats

Foto – exotisch

etwa 5 Gläser je 200 ml

700 g Feigen
(vorbereitet gewogen,
etwa 12 reife Feigen je 80 g)
250 g Kumquats
(vorbereitet gewogen)
30 g Ingwer
5 EL Apfel- oder Orangensaft
(Handelsware)
500 g Zucker
1 Beutel Gelfix Extra 2:1 (25 g)

Zubereitungszeit: 40 Minuten
Haltbarkeit: kühl und dunkel
gestellt 3–4 Monate
Insgesamt:
E: 11 g, F: 5 g, Kh: 651 g,
kJ: 11404, kcal: 2724, BE: 54,5

1. Feigen abspülen, abtropfen lassen, entstielen und schälen. 700 g Fruchtfleisch abwiegen und in kleine Stücke schneiden. Kumquats heiß abspülen, trocken tupfen und die Stängelansätze entfernen. Kumquats halbieren, entkernen und 250 g Früchte abwiegen. Kumquathälften in sehr kleine Stücke schneiden. Ingwer schälen und sehr fein hacken.

2. Die Feigen-, Kumquat- und Ingwerstücke in einen großen Kochtopf geben und mit Apfel- oder Orangensaft mischen.

3. Abgewogene Zuckermenge mit Gelfix Extra mischen und mit der Fruchtmasse gut verrühren. Die Zutaten unter Rühren bei starker Hitze zum Kochen bringen und unter ständigem Rühren mindestens 3 Minuten sprudelnd kochen lassen. Den Topf von der Kochstelle nehmen.

4. Kochgut evtl. abschäumen und sofort randvoll in vorbereitete Gläser füllen. Die Gläser mit Twist-off-Deckeln® verschließen, umdrehen und etwa 5 Minuten auf den Deckeln stehen lassen.

Feigen-Weintrauben-Konfitüre

Mit Alkohol – für Gäste

etwa 7 Gläser je 200 ml

1 kg frische, reife, blaue Feigen
(vorbereitet gewogen,
etwa 12 Stück je etwa 100 g)
300 g kernlose, blaue Weintrauben (vorbereitet gewogen)
100 ml Rotwein
100 ml Cassislikör (Schwarzer
Johannisbeerlikör)
500 g Super Gelierzucker 3:1

Zubereitungszeit: 40 Minuten
Haltbarkeit: kühl und dunkel
gestellt 3–4 Monate
Insgesamt:
E: 15 g, F: 6 g, Kh: 696 g,
kJ: 13209, kcal: 3125, BE: 58,0

1. Feigen abspülen, abtropfen lassen, entstielen, schälen, in kleine Stücke schneiden und 1 kg abwiegen. Weintrauben abspülen, gut abtropfen lassen, entstielen, halbieren, in Stücke schneiden und 300 g abwiegen.

2. Vorbereitete Fruchtstücke mit Wein und Likör in einen großen Kochtopf geben und mit Super Gelierzucker verrühren. Die Zutaten unter Rühren bei starker Hitze zum Kochen bringen und unter ständigem Rühren mindestens 3 Minuten sprudelnd kochen lassen. Den Topf von der Kochstelle nehmen.

3. Kochgut evtl. abschäumen und sofort randvoll in vorbereitete Gläser füllen. Gläser mit Twist-off-Deckeln® verschließen, umdrehen und etwa 5 Minuten auf den Deckeln stehen lassen.

Grapefruit-Bananen-Konfitüre

Foto – fruchtig-herb

etwa 5 Gläser je 200 ml

500 g Pink-Grapefruit-Filets
(vorbereitet gewogen, von etwa
5 Grapefruits)
250 g Bananen
(vorbereitet gewogen)
300 ml Orangensaft
(Handelsware)
500 g Extra Gelierzucker 2:1
1 Pck. Zitronensäure (5 g)

Zubereitungszeit: 35 Minuten
Haltbarkeit: kühl und dunkel
gestellt etwa 1 Jahr
Insgesamt:
E: 5 g, F: 1 g, Kh: 601 g,
kJ: 10781, kcal: 2546, BE: 50,0

1. Grapefruits so schälen, dass die weiße Haut vollständig entfernt wird. Grapefruits filetieren und 500 g abwiegen. Die Bananen schälen, klein schneiden und 250 g abwiegen.

2. Grapefruit-Filets, Bananenstücke und Orangensaft in einem großen Kochtopf mit Extra Gelierzucker und Zitronensäure gut verrühren.

3. Alles unter Rühren bei starker Hitze zum Kochen bringen und unter ständigem Rühren mindestens 3 Minuten sprudelnd kochen lassen. Topf von der Kochstelle nehmen.

4. Kochgut evtl. abschäumen und sofort randvoll in vorbereitete Gläser füllen. Gläser mit Twist-off-Deckeln® verschließen, umdrehen und etwa 5 Minuten auf den Deckeln stehen lassen.

Grapefruitmarmelade

Gut vorzubereiten

7–8 Gläser je 200 ml

1 Bio-Grapefruit
900 g Grapefruit-Filets mit Saft
und Schale (vorbereitet gewogen, von der Bio-Grapefruit und
4–5 weiteren Grapefruits)
1 Beutel Gelfix Classic 1:1 (20 g)
1 kg Zucker

Zubereitungszeit: 40 Minuten
Haltbarkeit: kühl und dunkel
gestellt etwa 1 Jahr
Insgesamt:
E: 6 g, F: 2 g, Kh: 1081 g,
kJ: 18874, kcal: 4511, BE: 90,0

1. Die Bio-Grapefruit heiß abwaschen, abtrocknen und 25 g Schale abreiben. Alle Grapefruits so schälen, dass die weiße Haut vollständig entfernt wird. Grapefruits filetieren, Kerne entfernen und dabei den Saft auffangen. Fruchtfleisch klein schneiden.

2. Grapefruitstücke und -saft mit der abgeriebenen Schale mischen und 900 g abwiegen. Die Fruchtmasse in einen großen Kochtopf geben.

3. Gelfix Classic zuerst mit 2 Esslöffeln des Zuckers mischen, dann mit der Fruchtmasse gut verrühren. Die Grapefruitmasse unter Rühren bei starker Hitze zum Kochen bringen. Sobald alles bei ständigem Rühren sprudelnd kocht, restlichen Zucker hinzufügen.

4. Alles unter Rühren wieder zum Kochen bringen und unter ständigem Rühren mindestens 3 Minuten sprudelnd kochen lassen. Topf von der Kochstelle nehmen.

5. Kochgut evtl. abschäumen und sofort randvoll in vorbereitete Gläser füllen. Gläser mit Twist-off-Deckeln® verschließen, umdrehen und etwa 5 Minuten auf den Deckeln stehen lassen.

Orangen-Limetten-Marmelade

Foto – süßer Genuss

etwa 5 Gläser je 200 ml

200 ml Limettensaft
(von etwa 6 Limetten)
400 g Orangenfilets mit -saft
(von etwa 5 Orangen,
vorbereitet gewogen)
400 ml Orangensaft
(Handelsware)
500 g Extra Gelierzucker 2:1

Zubereitungszeit: 30 Minuten
Haltbarkeit: kühl und dunkel
gestellt etwa 1 Jahr
Insgesamt:
E: 8 g, F: 2 g, Kh: 565 g,
kJ: 10054, kcal: 2372, BE: 47,0

1. Die Limetten halbieren, den Saft auspressen und 200 ml Saft abmessen. Die Orangen so schälen, dass die weiße Haut vollständig entfernt wird. Die Orangenfilets herausschneiden, dabei den Saft auffangen. Von den Orangenfilets und dem Saft insgesamt 400 g abwiegen.

2. Limettensaft, Orangenfilets und -saft (auch die Handelsware) in einem Kochtopf mit Extra Gelierzucker gut verrühren. Die Zutaten unter Rühren bei starker Hitze zum Kochen bringen und unter ständigem Rühren mindestens 3 Minuten sprudelnd kochen lassen. Den Topf von der Kochstelle nehmen.

3. Kochgut evtl. abschäumen und sofort randvoll in vorbereitete Gläser füllen. Gläser mit Twist-off-Deckeln® verschließen, umdrehen und etwa 5 Minuten auf den Deckeln stehen lassen.

Pomelo-Orangen-Marmelade

Exotisch

7–8 Gläser je 200 ml

800 g Orangenfilets
(von 8–9 Orangen, davon 2 Bio-
Orangen, vorbereitet gewogen)
200 g Pomelo-Fruchtfilets
(von ½ Pomelo, vorbereitet
gewogen)
1 Beutel Gelfix Classic 1:1 (20 g)
1150 g Zucker

Zubereitungszeit: 45 Minuten
Haltbarkeit: kühl und dunkel
gestellt etwa 1 Jahr
Insgesamt:
E: 11 g, F: 2 g, Kh: 1259 g,
kJ: 21668, kcal: 5179, BE: 105,0

1. Bio-Orangen heiß abwaschen, abtrocknen und die Schale abreiben. Restliche Orangen so schälen, dass die weiße Haut vollständig entfernt wird. Orangen filetieren, in Stücke schneiden und 800 g abwiegen. Orangenstücke mit der -schale in einem großen Kochtopf vermischen.

2. Pomelo so schälen, dass die weiße Haut vollständig entfernt wird. Pomelo in einzelne Fruchtspalten teilen und die Haut entfernen, sodass Fruchtfilets entstehen. Die Filets in Stücke schneiden und 200 g abwiegen.

3. Gelfix Classic zuerst mit 2 Esslöffeln der abgewogenen Zuckermenge mischen, dann mit der Fruchtmasse verrühren.

4. Die Zutaten unter Rühren bei starker Hitze zum Kochen bringen. Sobald alles bei ständigem Rühren sprudelnd kocht, restlichen Zucker hinzufügen. Alles unter Rühren wieder zum Kochen bringen und unter ständigem Rühren mindestens 3 Minuten sprudelnd kochen lassen. Den Topf von der Kochstelle nehmen.

5. Kochgut evtl. abschäumen und sofort randvoll in vorbereitete Gläser füllen. Gläser mit Twist-off-Deckeln® verschließen, umdrehen und etwa 5 Minuten auf den Deckeln stehen lassen.

Orangen-Möhren-Fruchtaufstrich

 *Foto links – für Kinder*

etwa 6 Gläser je 200 ml

570 ml Orangensaft
330 ml Möhrensaft
1 Pck. Zitronensäure (5 g)
500 g Extra Gelierzucker 2:1

Zubereitungszeit:
etwa 30 Minuten
Haltbarkeit:
kühl und dunkel gestellt
etwa 1 Jahr
Insgesamt:
E: 6 g, F: 1 g, Kh: 558 g,
kJ: 9804, kcal: 2313, BE: 46,5

1. 570 ml Orangensaft und 330 ml Möhrensaft abmessen.

2. Säfte mit Zitronensäure und Extra Gelierzucker in einem großen Kochtopf gut verrühren. Die Zutaten unter Rühren bei starker Hitze zum Kochen bringen und unter ständigem Rühren mindestens 3 Minuten sprudelnd kochen lassen. Den Topf von der Kochstelle nehmen.

3. Kochgut evtl. abschäumen und sofort randvoll in vorbereitete Gläser füllen. Gläser mit Twist-off-Deckeln® verschließen, umdrehen und etwa 5 Minuten auf dem Deckel stehen lassen.

Variante 1: Für Orangen-Möhren-Maracuja-Aufstrich (Foto hinten rechts) 1 Maracuja halbieren, das Fruchtfleisch herauslöffeln und mit den Säften in den Kochtopf geben. Die verschlossenen Gläser während des Erkaltens gelegentlich umdrehen, damit die Kerne sich gleichmäßig verteilen.

Variante 2: Für Orangen-Möhren-Ingwer-Aufstrich Ingwer schälen, fein reiben, 25 g abwiegen und mit den Säften in den Kochtopf geben.

Variante 3: Für Orangen-Möhren-Kokos-Aufstrich (Foto vorne) 50 g Kokosraspel in einer Pfanne ohne Fett goldgelb rösten und mit den Säften in den Kochtopf geben. Die Haltbarkeit des Fruchtaufstrichs wird durch die Zugabe von Kokosraspeln verkürzt, da diese Fett enthalten.

Variante 4: Für Orangen-Möhren-Fruchtaufstrich mit Kokoslikör 75 ml Kokoslikör zum Ende der Kochzeit in die Fruchtmasse im Kochtopf rühren.

Mandarinenmarmelade

Foto – für Kinder

etwa 4 Gläser je 200 ml

500 g abgetropfte Mandarinen
(aus der Dose)
Saft von 1 Zitrone
etwa 450 ml Orangensaft
(Handelsware)
350 g Zucker
1 Beutel Gelfix Super 3:1 (25 g)

Zubereitungszeit: 30 Minuten
Haltbarkeit: kühl und dunkel
gestellt etwa 1 Jahr
Insgesamt:
E: 6 g, F: 2 g, Kh: 501 g,
kJ: 8786, kcal: 2099, BE: 41,5

1. Große Mandarinenfilets evtl. klein schneiden. Zitrone halbieren und den Saft auspressen. Den Zitronensaft mit Orangensaft auf 500 ml auffüllen.

2. Mandarinen und den Saft in einen großen Kochtopf geben. Abgewogene Zuckermenge mit Gelfix Super mischen und mit der Fruchtmasse gut verrühren.

3. Die Zutaten unter Rühren bei starker Hitze zum Kochen bringen und unter ständigem Rühren mindestens 3 Minuten sprudelnd kochen lassen. Den Topf von der Kochstelle nehmen.

4. Kochgut evtl. abschäumen und sofort randvoll in vorbereitete Gläser füllen. Gläser mit Twist-off-Deckeln® verschließen, umdrehen und etwa 5 Minuten auf den Deckeln stehen lassen.

Tipp: Die Gläser während des Erkaltens gelegentlich umdrehen, damit sich die Mandarinenstücke besser verteilen. Bei ungezuckerten Mandarinenkonserven kann der abgetropfte Saft mitverwendet werden (den Orangensaft entsprechend reduzieren).

Kumquat-Orangen-Marmelade

Schnell

etwa 7 Gläser je 200 ml

400 g Kumquats
(vorbereitet gewogen)
600 g Orangenfilets (vorbereitet
gewogen, von 1,2 kg Orangen)
1 Beutel Gelfix Classic 1:1 (20 g)
1150 g Zucker

Zubereitungszeit: 45 Minuten
Haltbarkeit: kühl und dunkel
gestellt etwa 1 Jahr
Insgesamt:
E: 16 g, F: 12 g, Kh: 1439 g,
kJ: 21326, kcal: 5092, BE: 120,0

1. Kumquats heiß abwaschen, abtrocknen, halbieren, entkernen, in kleine Stücke schneiden und 400 g abwiegen. Orangen so schälen, dass die weiße Haut vollständig mitentfernt wird. Orangen filetieren, in Stücke schneiden und 600 g abwiegen. Fruchtstücke in einen großen Kochtopf geben.

2. Gelfix Classic zuerst mit 2 Esslöffeln des Zuckers mischen, dann mit den Fruchtstücken gut verrühren. Das Kochgut unter Rühren bei starker Hitze zum Kochen bringen. Sobald alles bei ständigem Rühren sprudelnd kocht, restlichen Zucker hinzufügen.

3. Alles unter Rühren wieder zum Kochen bringen und unter ständigem Rühren mindestens 3 Minuten sprudelnd kochen lassen. Topf von der Kochstelle nehmen.

4. Kochgut evtl. abschäumen und sofort randvoll in vorbereitete Gläser füllen. Gläser mit Twist-off-Deckeln® verschließen, umdrehen und etwa 5 Minuten auf den Deckeln stehen lassen.

Mandarinen-Kumquat-Orangen-Marmelade

Süßer Genuss

etwa 5 Gläser je 200 ml

400 g Kumquats
(vorbereitet gewogen)
300 g Mandarinen-Fruchtfleisch
(von 5–6 Mandarinen,
vorbereitet gewogen)
300 g Orangenfilets mit -saft
(von 3–4 Orangen,
vorbereitet gewogen)
500 g Extra Gelierzucker 2:1

Zubereitungszeit: 45 Minuten
Haltbarkeit: kühl und dunkel
gestellt 3–4 Monate
Insgesamt:
E: 8 g, F: 3 g, Kh: 606 g,
kJ: 10727, kcal: 2531, BE: 50,5

1. Kumquats heiß abspülen, abtrocknen, entstielen, halbieren und entkernen. Kumquats in dünne Scheiben schneiden und 400 g abwiegen. Mandarinen schälen und die weiße Haut vollständig entfernen. Mandarinen vierteln, mit einem Stabmixer pürieren und 300 g abwiegen.

2. Orangen so schälen, dass die weiße Haut vollständig entfernt wird. Orangen filetieren, dabei den Saft auffangen. Von den Orangenfilets und dem aufgefangenen Saft insgesamt 300 g abwiegen.

3. Die vorbereiteten Früchte in einem großen Kochtopf mit Extra Gelierzucker gut verrühren.

4. Die Zutaten unter Rühren bei starker Hitze zum Kochen bringen und unter ständigem Rühren mindestens 3 Minuten sprudelnd kochen lassen. Den Topf von der Kochstelle nehmen.

5. Kochgut evtl. abschäumen und sofort randvoll in vorbereitete Gläser füllen. Gläser mit Twist-off-Deckeln® verschließen, umdrehen und etwa 5 Minuten auf den Deckeln stehen lassen.

Mandarinen-Ingwer-Marmelade

Foto – würzig – aromatisch

etwa 4 Gläser je 200 ml

750 g Mandarinensaft und
-Fruchtfleisch
(von 15–18 kernlosen Mandarinen, vorbereitet gewogen)
50 ml Limettensaft
1 geh. TL fein gehackter Ingwer
1 Beutel Gelfix Extra 2:1 (25 g)
400 g brauner Zucker
(Rohrzucker)

Zubereitungszeit: 45 Minuten
Haltbarkeit: kühl und dunkel
gestellt 3–4 Monate
Insgesamt:
E: 6 g, F: 2 g, Kh: 484 g,
kJ: 8486, kcal: 2027, BE: 40,5

1. Die Mandarinen schälen, enthäuten, mit einem Stabmixer pürieren und anschließend durch ein Sieb passieren. Von dem Mandarinensaft und Fruchtfleisch 750 g abmessen und in einen großen Kochtopf geben. Limettensaft und Ingwer hinzufügen.

2. Gelfix Extra mit Zucker mischen und gut unter die Fruchtmasse rühren. Die Zutaten unter Rühren bei starker Hitze zum Kochen bringen und unter ständigem Rühren mindestens 3 Minuten sprudelnd kochen lassen. Den Topf von der Kochstelle nehmen.

3. Kochgut evtl. abschäumen und sofort randvoll in vorbereitete Gläser füllen. Gläser mit Twist-off-Deckeln® verschließen, umdrehen und etwa 5 Minuten auf den Deckeln stehen lassen.

> **Tipp:** Unter die fertig gekochte Marmelade 1 Teelöffel klein geschnittene Pfefferminze rühren.

Orangen-Kaki-Marmelade

Exotisch – mit Alkohol

etwa 5 Gläser je 200 ml

500 g Orangenfilets mit -saft
(von etwa 8 Saftorangen,
vorbereitet gewogen)
500 g Kaki-Fruchtfleisch
(von 5–6 Kakifrüchten,
vorbereitet gewogen)
500 g Zucker
1 Beutel Gelfix Extra 2:1 (25 g)
5 EL Rum

Zubereitungszeit: 45 Minuten
Haltbarkeit: kühl und dunkel
gestellt 3–4 Monate
Insgesamt:
E: 8 g, F: 3 g, Kh: 637 g,
kJ: 11641, kcal: 2781, BE: 53,0

1. Orangen so schälen, dass die weiße Haut vollständig entfernt wird. Orangen filetieren, dabei den Saft auffangen. Von den Orangenfilets mit dem Saft 500 g abwiegen und in einen großen Kochtopf geben. Kakifrüchte abspülen, gut abtropfen lassen, Blüten und Stiele entfernen und dünn schälen. Kakifrüchte in Stücke schneiden, 500 g abwiegen und zu den Orangenfilets in den Kochtopf geben. Die Früchte mit einem Stabmixer pürieren.

2. Abgewogene Zuckermenge mit Gelfix Extra mischen, zum Fruchtpüree geben und gut verrühren.

3. Die Zutaten unter Rühren bei starker Hitze zum Kochen bringen und unter ständigem Rühren mindestens 3 Minuten sprudelnd kochen lassen. Den Topf von der Kochstelle nehmen. Rum unterrühren.

4. Kochgut evtl. abschäumen und sofort randvoll in vorbereitete Gläser füllen. Gläser mit Twist-off-Deckeln® verschließen, umdrehen und etwa 5 Minuten auf den Deckeln stehen lassen.

Pink-Grapefruit-Marmelade

Für Gäste – köstlich

etwa 7 Gläser je 200 ml

1 kg Pink-Grapefruit-Filets und
-saft (von etwa 8 Pink Grapefruits, vorbereitet gewogen)
1 Beutel Gelfix Classic 1:1 (20 g)
1150 g Zucker

Zubereitungszeit: **60 Minuten**
Haltbarkeit: **kühl und dunkel
gestellt etwa 1 Jahr**
Insgesamt:
E: 6 g, F: 2 g, Kh: 1228 g,
kJ: 21244, kcal: 5083, BE: 102,5

1. Grapefruits mit einem scharfen Messer so schälen, dass die weiße Haut vollständig entfernt wird. Die Fruchtfilets herausschneiden, Saft dabei auffangen und insgesamt 1 kg abwiegen.

2. Grapefruitfilets mit dem aufgefangenen Saft in einen großen Kochtopf geben. Gelfix Classic zuerst mit 2 Esslöffeln der abgewogenen Zuckermenge mischen, dann mit der Fruchtmasse gut verrühren.

3. Die Fruchtmasse unter Rühren bei starker Hitze zum Kochen bringen. Sobald alles bei ständigem Rühren sprudelnd kocht, restlichen Zucker hinzufügen. Alles unter Rühren wieder zum Kochen bringen und unter Rühren mindestens 3 Minuten sprudelnd kochen lassen. Den Topf von der Kochstelle nehmen.

4. Kochgut evtl. abschäumen und sofort randvoll in vorbereitete Gläser füllen. Gläser mit Twist-off-Deckeln® verschließen, umdrehen und etwa 5 Minuten auf den Deckeln stehen lassen.

Variante 1: Für Grapefruit-Granatapfel-Marmelade können Sie 100 g Grapefruits durch 100 ml frisch gepressten Granatapfelsaft ersetzen. Dazu 1 Granatapfel halbieren und den Saft mit einer Zitruspresse auspressen.

Variante 2: Für Grapefruitmarmelade mit Schale 1 Bio-Grapefruit heiß abwaschen, trocken reiben, dünn schälen und die Schale in sehr feine Streifen schneiden oder mit einem Zestenreißer abziehen. Die Schale mit den Grapefruitfilets und dem Saft in den Kochtopf geben. Die gefüllten Gläser während des Erkaltens gelegentlich umdrehen, damit sich die Schale besser verteilt.

Variante 3: Für Grapefruit-Marmelade mit Orangenlikör nach dem Kochen 50 ml Orangenlikör in die Marmelade rühren.

Tipp: Sie können die Grapefruits auch einfach auspressen und dann den Saft mit dem Fruchtfleisch verwenden.

Zitronengelee mit Schale

 *Raffiniert*

etwa 6 Gläser je 200 ml

30 g Zitronenschale
(von 2–3 Bio-Zitronen,
vorbereitet gewogen)
850 ml Zitronensaft
(von etwa 18 Zitronen)
1 Beutel Gelfix Classic 1:1 (20 g)
1 kg Zucker

Zubereitungszeit: **35 Minuten**
Haltbarkeit: **kühl und dunkel
gestellt etwa 1 Jahr**
Insgesamt:
E: 4 g, F: 1 g, Kh: 1030 g,
kJ: 17964, kcal: 4296, BE: 86,0

1. Bio-Zitronen heiß abwaschen, abtrocknen und die Schale mit einem Zestenreißer abziehen. Oder die Zitronen dünn schälen und die Schale in sehr feine Streifen schneiden. Von den Zitronenschalenstreifen 30 g abwiegen. Die Zitronen halbieren, den Saft auspressen und 850 ml abmessen.

2. Zitronensaft und -schale in einen großen Kochtopf geben. Gelfix Classic zuerst mit 2 Esslöffeln der abgewogenen Zuckermenge mischen, dann mit dem Zitronensaft verrühren.

3. Die Zutaten unter Rühren bei starker Hitze zum Kochen bringen. Sobald alles bei ständigem Rühren sprudelnd kocht, restlichen Zucker hinzufügen. Alles unter Rühren wieder zum Kochen bringen und unter ständigem Rühren mindestens 3 Minuten sprudelnd kochen lassen. Den Topf von der Kochstelle nehmen.

4. Kochgut evtl. abschäumen und sofort randvoll in vorbereitete Gläser füllen. Gläser mit Twist-off-Deckeln® verschließen, umdrehen und etwa 5 Minuten auf den Deckeln stehen lassen.

5. Die Gläser während des Erkaltens gelegentlich umdrehen, damit sich die Zitronenschale besser verteilt.

Variante 1: Zitronen-Minz-Gelee. Um dem Gelee eine frische Note zu verleihen, können Sie nach 2 Minuten Kochzeit 1 gehäuften Esslöffel gehackte Minze hinzufügen und noch 1 Minute mitkochen lassen.

Variante 2: Zitronen-Limetten-Gelee. Ersetzen Sie die Zitronenschale durch die Zesten von 1 Bio-Limette. Reduzieren Sie den Zitronensaft um 40 ml und ersetzen Sie ihn durch den ausgepressten Saft der Limette.

Tipp: Verwenden Sie anstatt 850 ml Zitronensaft 600 ml Zitronensaft und 250 ml Pink-Grapefruitsaft. Oder ersetzen Sie 350 ml Zitronensaft durch Weißwein. Fügen Sie nach dem Abschäumen die Zesten von 1 Bio-Orange, 1 Bio-Zitrone und 2 Bio-Limetten hinzu.

Quittengelee mit Basilikum

Aromatisch – köstlich

etwa 4 Gläser je 200 ml

2 kg reife Quitten
5 EL Zitronensaft
1 l Wasser
5 Stängel Basilikum
100 g brauner Zucker
(Rohrzucker)
300 g Zucker
1 Beutel Gelfix Extra 2:1 (25 g)
Außerdem:
1 Geschirrtuch (Mulltuch)

Zubereitungszeit: 60 Minuten,
ohne Abtropfzeit
Haltbarkeit: kühl und dunkel
gestellt 3–4 Monate
Insgesamt:
E: 3 g, F: 3 g, Kh: 478 g,
kJ: 8372, kcal: 2004, BE: 40,0

1. Von den Quitten den Flaum mit einem trockenen Tuch abreiben. Quitten abspülen, abtropfen lassen, vierteln und Kerne und Blütenansätze entfernen. Quittenviertel in etwa 1 cm dicke Scheiben schneiden.

2. Die Quittenscheiben mit Zitronensaft und Wasser in einem großen Kochtopf mischen, zum Kochen bringen und zugedeckt etwa 40 Minuten bei schwacher Hitze kochen lassen.

3. Ein Sieb mit einem feuchten Geschirrtuch (Mulltuch) auslegen. Quittenscheiben mit dem Saft hineingeben und abtropfen lassen, dabei den Saft auffangen.

4. Anschließend die Quittenscheiben mithilfe des Tuches ausdrücken und den Saft ebenfalls auffangen. Insgesamt 750 ml Saft abmessen.

5. Basilikum abspülen, trocken tupfen, die Blättchen von den Stängeln zupfen und in Streifen schneiden.

6. Den abgemessenen Saft in einen großen Kochtopf geben. Beide Zuckersorten mit Gelfix Extra mischen und mit dem Fruchtsaft gut verrühren. Alles unter Rühren bei starker Hitze zum Kochen bringen und unter ständigem Rühren mindestens 3 Minuten sprudelnd kochen lassen. Topf von der Kochstelle nehmen.

7. Kochgut evtl. abschäumen und Basilikumstreifen unterrühren. Kochgut sofort randvoll in vorbereitete Gläser füllen. Gläser mit Twist-off-Deckeln® verschließen, umdrehen und etwa 5 Minuten auf den Deckeln stehen lassen.

8. Die Gläser während des Erkaltens gelegentlich umdrehen, damit sich die Basilikumstreifen besser verteilen.

Tipp: Das Gelee schmeckt gut zu Quark, Frischkäse oder Camembert. Etwas Gelee und einige rosa Pfefferbeeren in den Bratensaft von Rindersteaks gerührt, gibt dem Bratensaft eine leichte Bindung und einen fein würzigen Geschmack.

Quittenkonfitüre

Foto – klassisch

etwa 7 Gläser je 200 ml

1 kg reife Quitten
(vorbereitet gewogen)
250 ml Wasser
1 Beutel Gelfix Classic 1:1 (20 g)
1150 g Zucker

Zubereitungszeit: 45 Minuten,
ohne Abkühlzeit
Haltbarkeit: kühl und dunkel
gestellt etwa 1 Jahr
Insgesamt:
E: 5 g, F: 4 g, Kh: 1227 g,
kJ: 21034, kcal: 5033, BE: 102,5

1. Quitten mit einem Tuch trocken abreiben, um den Flaum zu entfernen. Quitten abspülen, abtropfen lassen, achteln, Kerne und Blütenansätze entfernen. Quitten in kleine Stücke schneiden, mit Wasser in einem Topf zum Kochen bringen und zugedeckt etwa 20 Minuten kochen lassen. Den Topf von der Kochstelle nehmen, Quittenmasse abkühlen lassen, 1 kg abwiegen.

2. Die Quittenmasse in einen großen Topf geben. Gelfix Classic zuerst mit 2 Esslöffeln der abgewogenen Zuckermenge mischen, dann mit der Quittenmasse gut verrühren. Zutaten unter Rühren bei starker Hitze zum Kochen bringen. Sobald alles bei ständigem Rühren sprudelnd kocht, restlichen Zucker hinzufügen.

3. Alles unter Rühren wieder zum Kochen bringen und unter ständigem Rühren mindestens 3 Minuten sprudelnd kochen lassen. Den Topf von der Kochstelle nehmen.

4. Kochgut evtl. abschäumen und sofort randvoll in vorbereitete Gläser füllen. Gläser mit Twist-off-Deckeln® verschließen, umdrehen und etwa 5 Minuten auf den Deckeln stehen lassen.

Quittengelee Royal

Etwas Besonderes

7–8 Gläser je 200 ml

1½ kg reife Quitten
(vorbereitet gewogen)
1⅛ l Wasser
1 Beutel Gelfix Classic 1:1 (20 g)
1 kg Zucker
Außerdem:
1 Geschirrtuch (Mulltuch)

Zubereitungszeit: 60 Minuten,
ohne Abtropfzeit
Haltbarkeit: kühl und dunkel gestellt etwa 1 Jahr
Insgesamt:
E: 2 g, F: 2 g, Kh: 1045 g,
kJ: 17776, kcal: 4257, BE: 87,0

1. Von den Quitten den Flaum mit einem trockenen Tuch abreiben. Quitten abspülen, abtropfen lassen, vierteln, Kerne und Blütenansätze entfernen. Quittenviertel in Stücke schneiden und 1 ½ kg abwiegen.

2. Quittenstücke mit Wasser in einen großen Kochtopf geben, zum Kochen bringen und zugedeckt etwa 40 Minuten bei schwacher Hitze kochen lassen.

3. Ein Sieb mit einem feuchten Geschirrtuch (Mulltuch) auslegen. Quittenstücke mit dem Saft hineingeben, gut abtropfen lassen, dabei den Saft auffangen und 850 ml abmessen. Den Fruchtsaft in einen großen Kochtopf geben.

4. Gelfix Classic zuerst mit 2 Esslöffeln der abgewogenen Zuckermenge mischen, dann mit dem Fruchtsaft gut verrühren. Die Zutaten unter Rühren bei starker Hitze zum Kochen bringen. Sobald alles bei ständigem Rühren sprudelnd kocht, restlichen Zucker hinzufügen. Alles unter Rühren wieder zum Kochen bringen und unter ständigem Rühren mindestens 3 Minuten sprudelnd kochen lassen. Den Topf von der Kochstelle nehmen.

5. Kochgut evtl. abschäumen und sofort randvoll in vorbereitete Gläser füllen. Gläser mit Twist-off-Deckeln® verschließen, umdrehen und etwa 5 Minuten auf den Deckeln stehen lassen.

Sangria-Gelee

Foto – mit Alkohol

etwa 5 Gläser je 200 ml

750 ml Rotwein
2 Pck. Dr. Oetker Finesse
Orangenschalen-Aroma
3 Gewürznelken
1 Beutel Gelfix Classic 1:1 (20 g)
800 g Zucker

Zubereitungszeit: **30 Minuten**
Haltbarkeit: **kühl und dunkel
gestellt etwa 1 Jahr**
Insgesamt:
E: 2 g, F: 0 g, Kh: 823 g,
kJ: 15777, kcal: 3769, BE: 68,5

1. Rotwein, Orangenschalen-Aroma und Nelken in einen großen Kochtopf geben. Gelfix Classic zuerst mit 2 Esslöffeln des Zuckers mischen, dann mit dem Wein verrühren.

2. Den Wein unter Rühren bei starker Hitze zum Kochen bringen. Sobald alles bei ständigem Rühren sprudelnd kocht, restlichen Zucker hinzufügen.

3. Alles unter Rühren wieder zum Kochen bringen und unter ständigem Rühren mindestens 3 Minuten sprudelnd kochen lassen. Topf von der Kochstelle nehmen. Gewürznelken herausnehmen.

4. Kochgut evtl. abschäumen und sofort randvoll in vorbereitete Gläser füllen. Gläser mit Twist-off-Deckeln® verschließen, umdrehen und etwa 5 Minuten auf den Deckeln stehen lassen.

> **Tipp:** Geben Sie mit den Gewürznelken 1 Stange Zimt hinzu. Nach dem Kochen die Gewürznelken und die Zimtstange wieder herausnehmen. Das Sangria-Gelee kann nur mit Gelfix Classic 1:1 zubereitet werden. Bei anderen Gelierprodukten könnte sich Weinstein bilden.

Blutorangengelee

Einfach

etwa 6 Gläser je 200 ml

850 ml Blutorangensaft
(von etwa 16 Blutorangen)
1 Beutel Gelfix Classic 1:1 (20 g)
1 kg Zucker

Zubereitungszeit: **40 Minuten**
Haltbarkeit: **kühl und dunkel
gestellt etwa 1 Jahr**
Insgesamt:
E: 6 g, F: 2 g, Kh: 1079 g,
kJ: 18449, kcal: 4413, BE: 90,0

1. Orangen halbieren, den Saft auspressen, 850 ml abmessen und in einen großen Kochtopf geben.

2. Gelfix Classic zuerst mit 2 Esslöffeln der abgewogenen Zuckermenge mischen, dann zu dem Orangensaft in den Topf geben und gut verrühren. Die Zutaten unter Rühren bei starker Hitze zum Kochen bringen. Sobald alles bei ständigem Rühren sprudelnd kocht, restlichen Zucker hinzufügen.

3. Alles unter Rühren wieder zum Kochen bringen und unter ständigem Rühren mindestens 3 Minuten sprudelnd kochen lassen. Den Topf von der Kochstelle nehmen.

4. Kochgut evtl. abschäumen und sofort randvoll in vorbereitete Gläser füllen. Die Gläser mit Twist-off-Deckeln® verschließen, umdrehen und etwa 5 Minuten auf den Deckeln stehen lassen.

Schlehen-Apfel-Konfitüre

Gut vorzubereiten

etwa 7 Gläser je 200 ml

1 kg Schlehen
(vorbereitet gewogen)
500 ml kochendes Wasser
200 g Apfelstücke
(vorbereitet gewogen)
1 Beutel Gelfix Classic 1:1 (20 g)
1150 g Zucker

Zubereitungszeit: 60 Minuten,
ohne Abkühlzeit
Haltbarkeit: kühl und dunkel
gestellt etwa 1 Jahr
Insgesamt:
E: 1 g, F: 1 g, Kh: 1168 g,
kJ: 19406, kcal: 4630, BE: 97,5

1. Schlehen entstielen, waschen, gut abtropfen lassen und 1 kg abwiegen. Schlehen in eine Schüssel geben, mit kochendem Wasser übergießen und erkalten lassen. Dann die Flüssigkeit abgießen, auffangen und kurz aufkochen lassen. Die Flüssigkeit wieder über die Früchte geben und diesen Vorgang noch einmal wiederholen.

2. Die erkaltete Fruchtmasse durch ein Sieb streichen, sodass der Rückstand vollkommen trocken ist. Von der Fruchtmasse 800 g abwiegen.

3. Äpfel waschen, schälen, vierteln, entkernen, in sehr kleine Stücke schneiden und 200 g abwiegen.

4. Schlehen-Fruchtmasse und Apfelstücke in einen großen Kochtopf geben. Gelfix Classic mit 2 Esslöffeln des Zuckers mischen, dann mit der Fruchtmasse verrühren.

5. Die Fruchtmasse unter Rühren bei starker Hitze zum Kochen bringen. Sobald alles bei ständigem Rühren sprudelnd kocht, restlichen Zucker hinzufügen.

6. Alles unter Rühren wieder zum Kochen bringen und unter ständigem Rühren mindestens 3 Minuten sprudelnd kochen lassen. Anschließend Topf von der Kochstelle nehmen.

7. Kochgut evtl. abschäumen und sofort randvoll in vorbereitete Gläser füllen. Gläser mit Twist-off-Deckeln® verschließen, umdrehen und etwa 5 Minuten auf den Deckeln stehen lassen.

> **Tipp:** Schlehen haben Saison von Oktober bis Ende November. Sie werden meist nach dem ersten Frost geerntet, da durch Frosteinwirkung ein Teil der bitter schmeckenden Gerbstoffe abgebaut wird.

Würzige Hagebuttenkonfitüre

 *Raffiniert*

etwa 7 Gläser je 200 ml

1 ½ kg Hagebutten
500 ml Wasser
1 Beutel Gelfix Classic 1:1 (20 g)
1150 g Zucker
3 Gewürznelken
Schale von ½ Bio-Zitrone
½ TL gemahlener Zimt
1–2 EL Zitronensaft

Zubereitungszeit: **50 Minuten,**
ohne Einweichzeit
Haltbarkeit: **kühl und dunkel**
gestellt 3–4 Monate
Insgesamt:
E: 24 g, F: 5 g, Kh: 1250 g,
kJ: 21597, kcal: 5155, BE: 104,0

1. Am Vorabend Hagebutten waschen, gut abtropfen lassen und putzen. Dafür jeweils die Hagebutte von Stiel und Blüte befreien. Von den geputzten Hagebutten etwa 1,2 kg abwiegen. Die Hagebutten mit dem Wasser in einen Topf geben und über Nacht stehen lassen.

2. Am nächsten Tag die Hagebutten mit dem Wasser zum Kochen bringen und zugedeckt etwa 25 Minuten bei schwacher Hitze weich kochen lassen.

3. Hagebuttenmasse durch ein Sieb streichen (das geht am besten mit dem Passierstab des Handrührgerätes), wobei die Kerne und Härchen zurückbleiben. Von dem so gewonnenen Hagebuttenmark 1 kg abwiegen (evtl. mit Wasser auffüllen).

4. Das Fruchtmark in einen großen Kochtopf geben. Gelfix Classic zuerst mit 2 Esslöffeln des Zuckers mischen, dann mit dem Hagebuttenmark verrühren.

5. Die Fruchtmasse unter Rühren bei starker Hitze zum Kochen bringen. Sobald alles sprudelnd kocht, restlichen Zucker mit Nelken und Zitronenschale hinzufügen.

6. Alles unter Rühren wieder zum Kochen bringen und unter ständigem Rühren mindestens 3 Minuten sprudelnd kochen lassen. Den Topf von der Kochstelle nehmen. Zimt und Zitronensaft gut unterrühren.

7. Kochgut evtl. abschäumen und sofort randvoll in vorbereitete Gläser füllen. Gläser mit Twist-off-Deckeln® verschließen, umdrehen und etwa 5 Minuten auf den Deckeln stehen lassen.

Tipps: Im dekorativen Glas ist die Konfitüre ein schönes Geschenk. Die würzige Hagebuttenkonfitüre passt zu Wild- und Fleischgerichten.

Tipp für Eilige: Hagebuttenmark gibt es in gut sortierten Supermärkten oder im Reformhaus fertig zu kaufen.

Würzige Vierfruchtkonfitüre

Foto – für Gäste

etwa 5 Gläser je 200 ml

250 g Cranberrys
(vorbereitet gewogen)
250 g Äpfel
(vorbereitet gewogen)
250 g reife Birnen
(vorbereitet gewogen)
250 g Pflaumen
(vorbereitet gewogen)
je 1 Msp. gemahlener Zimt,
Nelken und Piment
abgeriebene Schale von
1 Bio-Zitrone
2 EL Zitronensaft
1 Beutel Gelfix Extra 2:1 (25 g)
500 g Zucker

Zubereitungszeit: 45 Minuten
Haltbarkeit: kühl und dunkel
gestellt 3–4 Monate
Insgesamt:
E: 5 g, F: 2 g, Kh: 643 g,
kJ: 10941, kcal: 2616, BE: 53,5

1. Cranberrys abspülen, gut abtropfen lassen, halbieren und 250 g abwiegen. Äpfel schälen, vierteln, entkernen, in kleine Stücke schneiden und 250 g abwiegen.

2. Birnen schälen, vierteln, entkernen, in kleine Stücke schneiden und 250 g abwiegen. Pflaumen gut abspülen, gut abtropfen lassen, halbieren, entsteinen, in kleine Stücke schneiden und 250 g abwiegen.

3. Vorbereitete Früchte mit den Gewürzen, Zitronenschale und -saft in einen großen Kochtopf geben. Gelfix Extra mit Zucker mischen und mit der Fruchtmasse gut verrühren.

4. Die Zutaten unter Rühren bei starker Hitze zum Kochen bringen und unter ständigem Rühren mindestens 3 Minuten sprudelnd kochen lassen. Den Topf von der Kochstelle nehmen.

5. Kochgut evtl. abschäumen und sofort randvoll in vorbereitete Gläser füllen. Gläser mit Twist-off-Deckeln® verschließen, umdrehen und etwa 5 Minuten auf den Deckeln stehen lassen.

Tipp: Sie können den Zitronensaft durch Rum oder einen Obstbrand ersetzen. Den Alkohol dann erst nach dem Kochen unterrühren.

Schnelles Herbstgelee

Schnell – einfach

etwa 6 Gläser je 200 ml

400 ml heller Traubensaft
(Handelsware)
400 ml Birnennektar
(Handelsware)
450 ml Apfelsaft (Handelsware)
500 g Super Gelierzucker 3:1

Zubereitungszeit: 15 Minuten
Haltbarkeit: kühl und dunkel
gestellt etwa 1 Jahr
Insgesamt:
E: 3 g, F: 1 g, Kh: 663 g,
kJ: 11388, kcal: 2723, BE: 55,0

1. Traubensaft, Birnennektar und Apfelsaft in einem großen Kochtopf mit Super Gelierzucker gut verrühren. Alles unter Rühren bei starker Hitze zum Kochen bringen und unter ständigem Rühren mindestens 3 Minuten sprudelnd kochen lassen. Topf von der Kochstelle nehmen.

2. Kochgut evtl. abschäumen und sofort randvoll in vorbereitete Gläser füllen. Gläser mit Twist-off-Deckeln® verschließen, umdrehen und etwa 5 Minuten auf den Deckeln stehen lassen.

Kürbis-Orangen-Konfitüre

Foto – für Gäste

5–6 Gläser je 200 ml

500 g Hokkaido-Kürbis
(vorbereitet gewogen)
50 ml Orangensaft
abgeriebene Schale von
1 Bio-Orange
500 g Orangenfilets
(von etwa 5 großen Orangen)
500 g Extra Gelierzucker 2:1

Zubereitungszeit: 40 Minuten,
ohne Abkühlzeit
Haltbarkeit: kühl und dunkel
gestellt etwa 1 Jahr
Insgesamt:
E: 11 g, F: 2 g, Kh: 571 g,
kJ: 10126, kcal: 2389, BE: 47,5

1. Kürbis halbieren und die Kerne mit einem Löffel herauskratzen. Kürbishälften abspülen, abtropfen lassen, in kleine Stücke schneiden und 500 g abwiegen. Kürbisstücke mit Orangensaft in einen Topf geben, zum Kochen bringen und etwa 15 Minuten bei mittlerer Hitze weich kochen. Anschließend pürieren und erkalten lassen.

2. Von dem Kürbispüree 500 g abwiegen und in einen großen Kochtopf geben. Orangenschale unterrühren.

3. Orangen so schälen, dass die weiße Haut vollständig entfernt wird. Orangen filetieren und 500 g abwiegen. Orangenfilets mit dem Extra Gelierzucker zu dem Kürbispüree in den Topf geben und gut verrühren. Die Zutaten unter Rühren bei starker Hitze zum Kochen bringen und unter ständigem Rühren mindestens 3 Minuten sprudelnd kochen lassen. Den Topf von der Kochstelle nehmen.

4. Kochgut evtl. abschäumen und sofort randvoll in vorbereitete Gläser füllen. Gläser mit Twist-off-Deckeln® verschließen, umdrehen und etwa 5 Minuten auf den Deckeln stehen lassen.

Kürbis-Apfel-Konfitüre

Süßer Genuss – aromatisch

etwa 5 Gläser je 200 ml

500 g Kürbisfleisch (vorbereitet
gewogen, z. B. Hokkaido)
500 g Äpfel
(vorbereitet gewogen)
500 g Zucker
1 Beutel Gelfix Extra 2:1 (25 g)
1 Pck. Dr. Oetker Vanillin-Zucker

Zubereitungszeit: 45 Minuten
Haltbarkeit: kühl und dunkel
gestellt 3–4 Monate
Insgesamt:
E: 7 g, F: 3 g, Kh: 608 g,
kJ: 10489, kcal: 2504, BE: 50,5

1. Kürbis längs halbieren und die Kerne entfernen. Kürbishälften evtl. schälen, zuerst in Spalten, dann in sehr kleine Stücke schneiden und 500 g abwiegen.

2. Äpfel schälen, vierteln, entkernen, in dünne Scheiben schneiden und 500 g abwiegen. Kürbisstücke und Apfelscheiben in einen großen Kochtopf geben.

3. Abgewogene Zuckermenge mit Gelfix Extra und Vanillin-Zucker mischen, dann mit der Kürbis-Apfel-Masse verrühren.

4. Die Zutaten unter Rühren bei starker Hitze zum Kochen bringen und unter ständigem Rühren mindestens 3 Minuten sprudelnd kochen lassen. Den Topf von der Kochstelle nehmen.

5. Kochgut evtl. abschäumen und sofort randvoll in vorbereitete Gläser füllen. Gläser mit Twist-off-Deckeln® verschließen, umdrehen und etwa 5 Minuten auf den Deckeln stehen lassen.

Karibik-Konfitüre

Raffiniert – exotisch

7–8 Gläser je 200 ml

1 kleine Mango
1 kleine Papaya
½ reife Ananas
1 große Banane
100 g Physalis
(Kapstachelbeeren)
6–7 Kumquats (etwa 50 g)
1 Stängel Zitronengras
1 Beutel Gelfix Classic 1:1 (20 g)
700 g Rohrzucker, hell
450 g Zucker

Zubereitungszeit: 50 Minuten
Haltbarkeit: kühl und dunkel
gestellt 3–4 Monate
Insgesamt:
E: 8 g, F: 3 g, Kh: 1274 g,
kJ: 21771, kcal: 5209, BE: 106,0

1. Die Mango halbieren und den Stein herauslösen. Die Papaya ebenfalls halbieren und entkernen. Mango- und Papayahälften schälen. Von der Ananas Blatt- und Strunkende entfernen. Ananas schälen und den Strunk entfernen. Die Ananas halbieren.

2. Die Banane schälen. Von den Physalis jeweils die Blätter entfernen. Physalis abspülen und gut abtropfen lassen. Kumquats abspülen, gut abtropfen lassen, halbieren und entkernen. Vorbereitete Früchte in kleine Würfel schneiden und 1 kg abwiegen.

3. Von dem Zitronengras die äußeren harten Blätter entfernen. Zitronengras in sehr feine Streifen schneiden und 1 gehäuften Esslöffel davon abmessen.

4. Abgewogenes Fruchtfleisch mit Zitronengrasstreifen in einen großen Kochtopf geben. Gelfix Classic zuerst mit 2 Esslöffeln von dem Rohrzucker mischen, dann mit der Fruchtmasse gut verrühren.

5. Die Zutaten unter Rühren bei starker Hitze zum Kochen bringen. Sobald alles bei ständigem Rühren sprudelnd kocht, restlichen Rohrzucker und Zucker hinzufügen. Alles unter Rühren wieder zum Kochen bringen und unter ständigem Rühren mindestens 3 Minuten sprudelnd kochen lassen. Den Topf von der Kochstelle nehmen.

6. Kochgut evtl. abschäumen und sofort randvoll in vorbereitete Gläser füllen. Gläser mit Twist-off-Deckeln® verschließen, umdrehen und etwa 5 Minuten auf den Deckeln stehen lassen.

Tipp: Die Karibik-Konfitüre eignet sich als Tortenfüllung oder als Zugabe zu Geflügelpasteten.

Latte-Macchiato-Likör

Foto – für Gäste

etwa 1,4 Liter

6 Eigelb (Größe M)
250 g gesiebter Puderzucker
2 Pck. Dr. Oetker Vanillin-Zucker
2 Dosen Kondensmilch
(10 % Fett, je 340 ml)
150 ml Weingeist/Ethanol
(hochprozentiger Alkohol,
90 Vol.-%)
150 ml Whisky (40 Vol.-%)
180 ml kalter, starker Espresso

Zubereitungszeit: 30 Minuten
Haltbarkeit: gut gekühlt
etwa 2 Wochen
Insgesamt:
E: 80 g, F: 106 g, Kh: 350 g,
kJ: 16743, kcal: 3997, BE: 29,0

1. Eigelb mit Puderzucker und Vanillin-Zucker mit einem Mixer (Rührstäbe) in etwa 3 Minuten aufschlagen. Nach und nach Kondensmilch unterrühren. Weingeist und Whisky langsam unter Rühren hinzugießen. Zum Schluss den Espresso unterrühren.

2. Latte-Macchiato-Likör in gründlich gereinigte, gespülte Flaschen füllen und diese mit je einem Flaschenverschluss fest verschließen. Likör sofort genießen oder im Kühlschrank aufbewahren.

Tipp: Für den Likör nur ganz frische Eigelb verwenden, die nicht älter als 5 Tage sind (Legedatum beachten!). Vor dem Servieren den Likör einmal gut durchschütteln.

Amarettini-Kirsch-Likör

Beliebt

etwa 1,4 Liter

1 Glas Amarena-Kirschen
(Inhalt 250 g)
100 g Amarettini
(ital. Mandelgebäck)
250 ml Kirschsaft
250 g Kirschjoghurt (3,5 % Fett)
250 g Schlagsahne
100 ml Kirschwasser (42 Vol.-%)
400 ml Doppelkorn (38 Vol.-%)

Zubereitungszeit:
30 Minuten, ohne Ruhezeit
Haltbarkeit: im Kühlschrank
etwa 2 Wochen
Insgesamt:
E: 23 g, F: 93 g, Kh: 256 g,
kJ: 12625, kcal: 2988, BE: 21,5

1. Kirschen mit Saft, Amarettini und Kirschsaft in einen hohen Rührbecher geben und pürieren. Kirschmischung etwa 10 Minuten ruhen lassen.

2. Kirschjoghurt, Sahne, Kirschwasser und Doppelkorn hinzufügen und nochmals pürieren.

3. Amarettini-Kirsch-Likör in gründlich gereinigte, gespülte Flaschen füllen. Die Flaschen mit je einem Flaschenverschluss fest verschließen und im Kühlschrank aufbewahren.

4. Den Likör vor dem Servieren gut schütteln.

Limettenlikör

Foto – fruchtig – mit Alkohol

etwa 1 l

150 ml Wasser
250 g Rohrzucker
4 Bio-Limetten
1 Zimtstange
550 ml Rum (54 Vol.-%)

Zubereitungszeit: 30 Minuten,
ohne Abkühlzeit
Durchziehzeit: etwa 4 Wochen
Haltbarkeit: gekühlt 4–6 Wochen
Insgesamt:
E: 0 g, F: 0 g, Kh: 251 g,
kJ: 11269, kcal: 2694, BE: 21,0

1. Wasser mit Rohrzucker in einem Topf zum Kochen bringen und kurz aufkochen lassen. Zuckerlösung erkalten lassen.

2. Die Limetten heiß abwaschen, abtrocknen und 2 Limetten dünn schälen. Limetten halbieren und den Saft auspressen.

3. Die Limettenschale mit Limettensaft, Zimtstange, Zuckerlösung und Rum in eine vorbereitete Flasche geben. Die Flasche mit einem Flaschenverschluss fest verschließen und einmal kräftig durchschütteln. An einem kühlen Ort etwa 4 Wochen durchziehen lassen.

4. Nach der Durchziehzeit den Likör in kleine, gründlich gereinigte, gespülte Flaschen abfiltern und die Flaschen mit je einem Flaschenverschluss fest verschließen.

Orangenlikör

Klassisch

etwa 1,4 Liter

250 ml Wasser
250 ml trockener Weißwein
450 g Zucker
1 kg Bio-Orangen
700 ml Wodka (40 Vol.-%)
¼ TL gemahlener Koriander
oder Kardamom

Zubereitungszeit: 25 Minuten,
ohne Abkühlzeit
Durchziehzeit: 1–2 Tage
Haltbarkeit: im Kühlschrank etwa
6 Wochen
Insgesamt:
E: 3 g, F: 1 g, Kh: 485 g,
kJ: 15781, kcal: 3769, BE: 40,5

1. Das Wasser mit Wein und Zucker zum Kochen bringen und sirupartig einkochen lassen.

2. Die Orangen gründlich heiß abwaschen und abtrocknen. Orangenschale abreiben, die Orangen halbieren und den Saft auspressen. Orangenschale und -saft in die Sirupflüssigkeit einrühren und erkalten lassen.

3. Erkalteten Orangensirup in ein großes gründlich gereinigtes, gespültes Glas füllen. Wodka unterrühren.

4. Den Likör mit Koriander oder Kardamom würzen. Das Glas fest verschließen. Den Orangenlikör 1–2 Tage kühl gestellt durchziehen lassen.

5. Orangenlikör durch ein feines Sieb in gründlich gereinigte, gespülte Flaschen abfüllen. Die Flaschen mit je einem Flaschenverschluss fest verschließen und im Kühlschrank aufbewahren.

Limoncello mit Wodka

Fruchtig frisch

2,3–2,5 Liter

400 ml Wasser
1 kg Zucker
1,2 l Wodka (40 Vol.-%)
6 Bio-Zitronen
1 Bio-Orange
200 ml Zitronensaft

Zubereitungszeit: 40 Minuten,
ohne Abkühlzeit
Durchziehzeit: etwa 2 Wochen
Haltbarkeit: im Kühlschrank
etwa 6 Monate
Insgesamt:
E: 1 g, F: 0 g, Kh: 1003 g,
kJ: 28536, kcal: 6817, BE: 83,5

1. Wasser in einem Topf zum Kochen bringen. Zucker hinzugeben und so lange rühren, bis sich der Zucker vollständig gelöst hat. Zuckerwasser bei mittlerer Hitze etwa 10 Minuten sirupartig einkochen lassen. Topf von der Kochstelle nehmen. 200 ml Wodka abmessen, mit dem Zuckersirup verrühren und erkalten lassen.

2. Zitronen und Orange gründlich heiß abwaschen und abtrocknen. Zitronen und Orange mit einem Sparschäler dünn abschälen. Dabei darauf achten, dass nur die gelbe und orange Schale und nicht das Weiße abgeschält wird. Die Schale in feine Streifen schneiden.

3. Die Schale, den restlichen Wodka und den Zitronensaft gut mit dem Zucker-Wodka-Sirup verrühren und in ein großes gründlich gereinigtes, gespültes Glas füllen. Den Ansatz etwa 2 Wochen an einem dunklen, kühlen Ort (am besten im Keller) durchziehen lassen.

4. Anschließend den Limoncello durch ein mit einem Geschirrtuch ausgelegtes Sieb gießen und in gründlich gereinigte, gespülte Flaschen füllen. Flaschen mit je einem Flaschenverschluss fest verschließen und im Kühlschrank aufbewahren.

Tipp: Limoncello wird eiskalt serviert. Nach Belieben eine Stunde vor dem Servieren in die Tiefkühltruhe legen.

Mandel-Marzipan-Likör

Foto – schnell gemacht

etwa 0,8 Liter

200 g Marzipan-Rohmasse
1 Vanilleschote
150 g Schlagsahne
500 ml Weinbrand (38 Vol.-%)
120 g Zucker
3–5 Tropfen Bittermandel-
Aroma (aus dem klassischen
Röhrchen)

Zubereitungszeit: 30 Minuten,
ohne Abkühlzeit
Haltbarkeit: im Kühlschrank
etwa 4 Wochen
Insgesamt:
E: 28 g, F: 119 g, Kh: 200 g,
kJ: 12444, kcal: 2975, BE: 16,5

1. Marzipan in kleine Stücke schneiden und in einen Topf geben. Die Vanilleschote der Länge nach halbieren und das Mark herauskratzen.

2. Vanillemark, ½ Vanilleschote, Sahne, 100 ml Weinbrand, Zucker und Bittermandel-Aroma zum Marzipan in den Topf geben. Das Ganze bei schwacher Hitze unter Rühren erwärmen, bis sich der Zucker gelöst hat und das Marzipan geschmolzen ist.

3. Die Mischung dann einmal kurz aufkochen lassen. Den Topf von der Kochstelle nehmen und die Mischung abkühlen lassen.

4. Die halbe Vanilleschote entfernen. Die Marzipanmischung mit dem restlichen Weinbrand verrühren. Den Likör in eine gründlich gereinigte, gespülte Flasche füllen, mit einem Flaschenverschluss fest verschließen und im Kühlschrank aufbewahren.

Anislikör

Schnell

etwa 0,8 Liter

je 1 TL Anis- und Fenchelsamen
1 TL Korianderkörner
200 g Zucker oder Kandis
600 ml weißer Rum (37,5 Vol.-%)

Zubereitungszeit: 10 Minuten
Durchziehzeit: etwa 4 Wochen
Haltbarkeit: kühl und dunkel
etwa 6 Monate
Insgesamt:
E: 0 g, F: 0 g, Kh: 200 g,
kJ: 9151, kcal: 2184, BE: 16,5

1. Anis-, Fenchelsamen und Korianderkörner in eine gründlich gereinigte, gespülte Flasche geben. Den Zucker einstreuen und mit Rum übergießen.

2. Die Flasche gut mit einem Flaschenverschluss fest verschließen. Den Ansatz etwa 4 Wochen bei Zimmertemperatur durchziehen lassen. Zwischendurch den Likör mehrmals durchschütteln.

3. Anschließend den Likör durch einen Kaffeefilter gießen. Den Likör dabei auffangen, wieder in eine gründlich gereinigte, gespülte Flasche füllen und mit einem Flaschenverschluss fest verschließen. Den Anislikör kühl und dunkel gestellt aufbewahren.

> **Tipp:** Als Geschenk um die Flasche ein derbes Packband binden und zwei Likörgläser daran befestigen.

Schoko-Minz-Likör

Foto – raffiniert

etwa 1 Liter

125 g Schoko-Minz-Täfelchen
100 g gesiebter Puderzucker
400 g Schlagsahne
500 ml Wodka (40 Vol.-%)

Zubereitungszeit: 20 Minuten,
ohne Abkühlzeit
Haltbarkeit: im Kühlschrank
3–6 Monate
Insgesamt:
E: 12 g, F: 143 g, Kh: 205 g,
kJ: 13888, kcal: 3314, BE: 17,0

1. Schoko-Minz-Täfelchen in kleine Stücke hacken. Schoko-Minz-Stücke mit Puderzucker und Sahne in einem kleinen Topf im Wasserbad bei schwacher Hitze unter Rühren schmelzen und zu einer geschmeidigen Masse verrühren.

2. Den Topf von der Kochstelle nehmen und die Masse etwas abkühlen lassen. Dann den Wodka hinzufügen und mit einem Mixer (Rührstäbe) gut verrühren.

3. Schoko-Minz-Likör in gründlich gereinigte, gespülte Flaschen füllen. Die Flaschen mit je einem Flaschenverschluss fest verschließen und in den Kühlschrank stellen. Der Likör kann sofort serviert werden.

> **Tipp:** Für einen Schoko-Chili-Likör 2 abgespülte, trocken getupfte, rote Chilischoten 2 Wochen in Wodka einlegen. Dann den aromatisierten Wodka wie im Rezept beschrieben verarbeiten.

Schokoladenlikör

Klassisch

etwa 1,4 Liter

150 g Halbbitter-Kuvertüre
250 g Schlagsahne
500 g Joghurt (3,5% Fett)
120 g gesiebter Puderzucker
1 TL Dr. Oetker Finesse
Orangenschalen-Aroma
1 Pck. Dr. Oetker Vanillin-Zucker
300 ml Weinbrand (38 Vol.-%)
75 ml Weingeist/Ethanol (hochprozentiger Alkohol, 90 Vol.-%)

Zubereitungszeit: 30 Minuten,
ohne Abkühlzeit
Haltbarkeit: im Kühlschrank
etwa 2 Wochen
Insgesamt:
E: 32 g, F: 149 g, Kh: 242 g,
kJ: 15099, kcal: 3616, BE: 20,0

1. Kuvertüre in kleine Stücke hacken und in einem kleinen Topf im Wasserbad bei schwacher Hitze zu einer geschmeidigen Masse verrühren. Sahne in die Masse rühren und etwas abkühlen lassen.

2. Schoko-Sahne mit Joghurt, Puderzucker, Orangenschalen-Aroma und Vanillin-Zucker mit einem Mixer (Rührstäbe) gut durchrühren.

3. Weinbrand und Weingeist hinzufügen und nochmals gut durchrühren. Likör in gründlich gereinigte, gespülte Flaschen füllen, mit je einem Flaschenverschluss fest verschließen und in den Kühlschrank stellen.

Quittenlikör
mit Weinbrand und Vanille

Foto – dauert etwas länger

etwa 3,5 Liter

1,5 kg Quitten
1 l Wasser
1 kg Zucker
1 Vanilleschote
2 l Weinbrand (43 Vol.-%)

Zubereitungszeit: 60 Minuten,
ohne Koch- und Abkühlzeit
Durchziehzeit: etwa 4 Wochen
Haltbarkeit: im Kühlschrank
6–12 Monate
Insgesamt:
E: 3 g, F: 3 g, Kh: 1045 g,
kJ: 38019, kcal: 9140, BE: 87,0

1. Quitten mit einem Küchentuch abreiben, damit der pelzige Flaum entfernt wird. Quitten schälen, halbieren, entkernen und in Spalten schneiden.

2. Wasser und Zucker in einem Topf zum Kochen bringen. Quitten hinzugeben und 1–1 ½ Stunden bei schwacher Hitze kochen lassen. Etwa 30 Minuten vor Ende der Garzeit Vanilleschote halbieren. Das Mark mit einem Messerrücken herausschaben und zu den Quitten geben. Die Vanilleschote beiseitelegen. Den Topf von der Kochstelle nehmen. Quitten etwas abkühlen lassen. Dann den Weinbrand unterrühren.

3. Den Quittenlikör und die beiseitegelegte Vanilleschote in zwei große, gründlich gereinigte, gespülte Gläser füllen. Die Gläser gut verschließen. Den Likör etwa 4 Wochen bei Zimmertemperatur durchziehen lassen.

4. Dann den Likör durch ein feines Sieb gießen, in 3–5 gründlich gereinigte, gespülte Flaschen füllen, mit je einem Flaschenverschluss fest verschließen. Likör im Kühlschrank aufbewahren.

Schlehenlikör

Für Gäste

etwa 1,4 Liter

750 g Schlehen
300 g weißer Kandis
2 Zimtstangen
700 ml Doppelkorn (38 Vol.-%)

Zubereitungszeit: 25 Minuten
Durchziehzeit: 5–6 Monate
Haltbarkeit: gekühlt etwa 1 Jahr
Insgesamt:
E: 1 g, F: 1 g, Kh: 309 g,
kJ: 11112, kcal: 2660, BE: 26,0

1. Schlehen verlesen, waschen, abtrocknen und etwas zerdrücken.

2. Die zerdrückten Schlehen in ein großes, gründlich gereinigtes Glas geben, Kandis einstreuen, Zimtstange hinzugeben und mit dem Doppelkorn übergießen. Das Glas fest verschließen und den Likör bei Zimmertemperatur 4–6 Wochen durchziehen lassen.

3. Anschließend den Likör durch ein mit einem Geschirrtuch ausgelegtes Sieb gießen, den Likör dabei auffangen und in gründlich gereinigte, gespülte Flaschen füllen. Flaschen mit je einem Flaschenverschluss fest verschließen. Den Likör kalt und dunkel gestellt etwa 4 weitere Monate durchziehen lassen.

> **Tipp:** Verwenden Sie nur Schlehen, die nach dem ersten Frost geerntet wurden.

Piña-Colada-Likör

Foto – beliebt

etwa 1,4 Liter

1 Ananas (etwa 800 g gewoge-
nes Fruchtfleisch)
400 ml ungesüßte Kokosmilch
180 g Rohrzucker
400 ml weißer Rum (37,5 Vol.-%)

Zubereitungszeit: 40 Minuten
Haltbarkeit: im Kühlschrank
etwa 4 Wochen
Insgesamt:
E: 9 g, F: 69 g, Kh: 292 g,
kJ: 11581, kcal: 2779, BE: 24,5

1. Von der Ananas Blatt- und Strunkende entfernen. Dann die schuppige Schale möglichst dick abschneiden, damit die „Augen" mitentfernt werden. Die Ananas vierteln und den mittleren harten Strunk herausschneiden. Fruchtfleisch in kleine Würfel schneiden.

2. Die Ananaswürfel mit Kokosmilch, Rohrzucker und Rum in einen Mixer geben und so lange mixen, bis eine cremige Masse entstanden ist oder die Ananaswürfel fein pürieren und mit den restlichen Zutaten mit einem Mixer (Rührstäbe) verrühren, bis der Zucker gelöst ist.

3. Piña-Colada-Likör in gründlich gereinigte, gespülte Flaschen füllen und mit je einem Flaschenverschluss fest verschießen. Likör sofort genießen oder im Kühlschrank aufbewahren.

Tipp: Kokosmilch können Sie auch selbst herstellen: Kochen Sie dafür 100 g Kokosraspel mit 400 ml Milch unter stän-digem Rühren auf. Lassen Sie die Kokosmilch erkalten und gießen Sie diese dann durch ein Sieb ab.

Würziger Eierlikör

Klassisch – mit Alkohol

etwa 1,4 l

15 Eigelb (Größe M)
300 g feiner Zucker
2 Vanilleschoten
1 Msp. gemahlener Zimt
1 Msp. gemahlener Koriander
0,7 l Weinbrand (40 Vol.-%)

Zubereitungszeit: 30 Minuten
Haltbarkeit: gekühlt
etwa 2 Wochen
Insgesamt:
E: 49 g, F: 96 g, Kh: 300 g,
kJ: 15290, kcal: 3652, BE: 25,0

1. Eigelb und Zucker mit einem Mixer (Rührstäbe) dickcremig schlagen. Vanilleschoten aufschneiden und das Mark heraus-kratzen.

2. Das Vanillemark mit Zimt und Koriander unter die Eigelbcreme schlagen.

3. Weinbrand nach und nach unterschlagen. Die Masse kurze Zeit stehen lassen und nochmals durchschlagen.

4. Den Eierlikör in gründlich gereinigte, gespülte Flaschen füllen, mit je einem Flaschenverschluss fest verschließen und kalt stellen.

Hinweis: Nur ganz frische Eigelb verwenden, die nicht älter als 5 Tage sind (Legedatum beachten!).

Zabaione-Likör

Foto – sahnige Verführung

etwa 2 Liter

1 Vanilleschote
500 g haltbare Schlagsahne
250 ml haltbare Vollmilch
(3,5 % Fett)
125 g Zucker
12 Eigelb (Größe M)
375 g gesiebter Puderzucker
350 ml Weinbrand (40 Vol.-%)
250 ml Marsala (Dessertwein)

Zubereitungszeit: 20 Minuten,
ohne Abkühlzeit
Haltbarkeit: im Kühlschrank
4–6 Monate
Insgesamt:
E: 59 g, F: 244 g, Kh: 545 g,
kJ: 23499, kcal: 5615, BE: 54,5

1. Vanilleschote längs halbieren und das Mark mit einem Messerrücken herausschaben. Schlagsahne, Milch und Vanillemark in einem Topf unter Rühren aufkochen. Zucker einstreuen und gut verrühren.

2. Den Topf von der Kochstelle nehmen. Die Sahnemilch erkalten lassen.

3. Eigelb mit Puderzucker in eine Rührschüssel geben und mit einem Mixer (Rührstäbe) weißschaumig schlagen.

4. Sahnemilch mit der Eigelbmasse verrühren. Weinbrand und Marsala langsam hinzugießen und unterrühren.

5. Den Likör in kleine, gründlich gereinigte, gespülte Flaschen füllen und mit je einem Flaschenverschluss fest verschließen. Den Likör im Kühlschrank aufbewahren.

> **Hinweis:** Für den Zabaione-Likör nur ganz frische Eigelb verwenden, die nicht älter als 5 Tage sind (Legedatum beachten!).

Sahniger Whiskylikör

Klassisch

etwa 1,4 Liter

1 Vanilleschote
600 g Schlagsahne
120 g gehackte Mandeln
4 Eigelb (Größe M)
150 g Zucker
700 ml Whisky (40 Vol.-%)

Zubereitungszeit: 40 Minuten,
ohne Abkühlzeit
Haltbarkeit: im Kühlschrank
etwa 2 Wochen
Insgesamt:
E: 27 g, F: 216 g, Kh: 171 g,
kJ: 18624, kcal: 4455, BE: 14,0

1. Vanilleschote längs halbieren. Mark herauskratzen und in einer Schale beiseitestellen. Vanilleschote mit Sahne und Mandeln in einem Topf unter Rühren kurz aufkochen, dann etwas abkühlen lassen.

2. Beiseitegestelltes Vanillemark mit Eigelb und Zucker zu einer schaumigen Masse aufschlagen. Die noch warme Mandel-Sahne-Masse nach und nach unter die Eiermasse rühren. Whisky ebenfalls nach und nach unterrühren.

3. Den Likör durch ein feines Sieb gießen, erkalten lassen und in gründlich gereinigte, gespülte Flaschen füllen. Die Flaschen mit je einem Flaschenverschluss fest verschließen und den Likör in den Kühlschrank stellen.

> **Hinweis:** Nur ganz frische Eigelb verwenden, die nicht älter als 5 Tage sind (Legedatum beachten!).

Honiglikör mit Vanille

Foto – beliebt

etwa 1,4 Liter

1 Vanilleschote
500 g flüssiger Akazienhonig
oder Lindenblütenhonig
200 ml Wasser
700 ml Weinbrand (40 Vol.-%)

Zubereitungszeit: 20 Minuten
Durchziehzeit: etwa 2 Monate
Haltbarkeit: im Kühlschrank
etwa 6 Monate
Insgesamt:
E: 2 g, F: 0 g, Kh: 390 g,
kJ: 13384, kcal: 3192, BE: 32,5

1. Vanilleschote längs halbieren und das Mark mit einem Messer-rücken herausschaben. Die Vanilleschote beiseitelegen.

2. Vanillemark mit Honig und Wasser verrühren und in einem Topf bei schwacher Hitze erwärmen. Die Masse darf nicht kochen. Den Topf von der Kochstelle nehmen und den Wein-brand unterrühren.

3. Anschließend den Likör in gründlich gereinigte, gespülte Flaschen füllen. Beiseitegelegte Vanilleschote in Stücke schnei-den und zum Likör in die Flaschen geben.

4. Flaschen mit je einem Flaschenverschluss fest verschließen. Den Honiglikör etwa 2 Monate an einem dunklen, kühlen Ort (am besten im Keller) durchziehen lassen.

Zimtlikör

Einfach

etwa 1 Liter

6–8 Zimtstangen
Saft von ½ Orange
125 g brauner Zucker oder
Kandis
700 ml Weinbrand (40 Vol.-%)

Zubereitungszeit: 20 Minuten
Durchziehzeit: etwa 4 Wochen
Haltbarkeit: gekühlt
etwa 3 Monate
Insgesamt:
E: 0 g, F: 0 g, Kh: 139 g,
kJ: 9066, kcal: 2163, BE: 11,5

1. Die Zimtstangen zusammen mit dem Orangensaft und dem braunen Zucker oder Kandis in eine gründlich gereinigte, gespülte Flasche geben. Weinbrand hinzugießen. Die Flasche verschließen, kurz durchschütteln und den Likör etwa 4 Wochen an einem kühlen, dunklen Ort (am besten im Keller) durchziehen lassen.

2. Den Zimtlikör durch ein mit einem Geschirrtuch ausgelegtes Sieb gießen und den Likör wieder in eine gründlich gereinigte, gespülte Flasche füllen. Flasche mit einem Flaschenverschluss fest verschließen und kalt stellen.

Tipp: Einige Zimtstangen mit Schleifenband an den Flaschenhals binden.

Teelikör

Foto – einfach zuzubereiten

etwa 1 Liter

1 geh. EL grüner Tee
(lose Blätter)
Schale von 1 Bio-Zitrone
2 Stück Sternanis
1 Zimtstange
250 g weißer Kandis
700 ml Doppelkorn (38 Vol.-%)

Zubereitungszeit:
15 Minuten, ohne Ziehzeit
Durchziehzeit: etwa 1 Monat
Haltbarkeit: kühl und dunkel
etwa 6 Monate
Insgesamt:
E: 1 g, F: 0 g, Kh: 250 g,
kJ: 10492, kcal: 2503, BE: 21,0

1. Tee mit 1 Tasse heißem Wasser überbrühen und etwa 5 Minuten ziehen lassen. Den Tee durch ein feines Sieb gießen. Die Zitrone heiß abwaschen und abtrocknen. Zitronenschale spiralförmig abschälen. Dabei darauf achten, dass nur die gelbe Schale und nicht das Weiße abgeschält wird.

2. Tee, Sternanis, Zimtstange und Zitronenschale in ein großes, gründlich gereinigtes, gespültes Glas geben. Kandis einstreuen und mit Doppelkorn übergießen.

3. Das Glas fest verschließen. Den Ansatz etwa 1 Monat an einem kühlen, dunklen Ort (am besten im Keller) durchziehen lassen.

4. Den Likör durch ein mit einem Geschirrtuch ausgelegtes Sieb gießen, dabei den Likör auffangen. Den Teelikör in gründlich gereinigte, gespülte Flaschen füllen. Die Flaschen mit je einem Flaschenverschluss fest verschließen, kühl und dunkel gestellt aufbewahren.

> **Tipp:** Dieser Likör passt gut zu leckeren Plätzchen oder Keksen, z.B. zu Löffelbiskuits.

Früchteteelikör

Schnell

1–1,1 Liter

70 g Früchtetee (loser Tee, z. B.
Brombeertee)
200 ml kochendes Wasser
300 g weißer Kandis
600 ml Wodka (40 Vol.-%)

Zubereitungszeit: 15 Minuten,
ohne Ziehzeit
Durchziehzeit: 4 Wochen
Haltbarkeit: gekühlt
etwa 6 Monate
Insgesamt:
E: 0 g, F: 0 g, Kh: 300 g,
kJ: 10826, kcal: 2586, BE: 25,0

1. Tee mit dem kochenden Wasser überbrühen und etwa 10 Minuten ziehen lassen. Anschließend den Früchtetee durch ein feines Sieb gießen, den Tee dabei auffangen.

2. Kandis in ein großes, gründlich gereinigtes, gespültes Glas geben. Mit dem Tee übergießen, mit Wodka auffüllen und das Glas fest verschließen.

3. Den Likör kalt und dunkel gestellt etwa 4 Wochen durchziehen lassen, ab und zu durchschütteln. Anschließend kalt gestellt aufbewahren.

Lebkuchenlikör

Foto – zum Verschenken

etwa 0,75 Liter

100 g Zartbitter-Schokolade
(mind. 50 % Kakaoanteil)
400 g haltbare Schlagsahne
100 g gesiebter Puderzucker
2 gestr. TL Lebkuchengewürz
200 ml Doppelkorn (38 Vol.-%)

Zubereitungszeit: 25 Minuten
Haltbarkeit: im Kühlschrank
etwa 3 Monate
Insgesamt:
E: 18 g, F: 164 g, Kh: 158 g,
kJ: 10753, kcal: 2573, BE: 13,0

1. Schokolade in Stücke brechen. Schokolade mit der Sahne in einem kleinen Topf im Wasserbad bei schwacher Hitze unter Rühren schmelzen und zu einer geschmeidigen Masse verrühren.

2. Puderzucker hinzufügen und so lange rühren, bis der Puderzucker vollständig gelöst ist. Dann den Topf von der Kochstelle nehmen. Lebkuchengewürz und Doppelkorn gut mit der Schokoladen-Sahne-Mischung verrühren.

3. Den Likör in gründlich gereinigte, gespülte Flaschen füllen. Flaschen mit je einem Flaschenverschluss fest verschließen und im Kühlschrank aufbewahren. Der Likör ist sofort servierfertig.

> **Tipp:** Dieser Likör schmeckt gut zu Vanille-Eis oder Vanille-Pudding.

Tannenspitzenlikör

Raffiniert

etwa 1 Liter

1 Handvoll junge,
grüne Tannenspitzen
2 Wacholderbeeren
125 g weißer Kandis
700 ml Doppelkorn (38 Vol.-%)

Zubereitungszeit: 15 Minuten
Durchziehzeit: 6–8 Wochen
Haltbarkeit: gekühlt 4–6 Monate
Insgesamt:
E: 0 g, F: 0 g, Kh: 125 g,
kJ: 7948, kcal: 1900, BE: 10,5

1. Tannenspitzen unter fließendem kalten Wasser abspülen und trocken tupfen.

2. Wacholderbeeren etwas zerdrücken und in ein großes, gründlich gereinigtes, gespültes Glas geben. Tannenspitzen und Kandis zu den Wacholderbeeren geben und mit dem Doppelkorn übergießen. Die Flasche fest verschließen und den Likör etwa 6–8 Wochen an einem sonnigen Platz, z. B. auf der Fensterbank, durchziehen lassen.

3. Anschließend durch ein feines Sieb gießen und wieder in gründlich gereinigte, gespülte Flaschen füllen. Flaschen fest verschließen und den Likör kalt und dunkel gestellt aufbewahren.

Mandellikör

Foto – einfach

etwa 0,8 Liter

150 g abgezogene,
ganze Mandeln
1 kleine Zimtstange
1 Stück Sternanis
3 Tropfen Bittermandel-Aroma
125 g brauner Kandis
700 ml Weinbrand (40 Vol.-%)

Zubereitungszeit: 15–20 Minuten
Durchziehzeit: etwa 2 Wochen
Haltbarkeit: im Kühlschrank
etwa 6 Monate
Insgesamt:
E: 0 g, F: 1 g, Kh: 136 g,
kJ: 923, kcal: 2153, BE: 11,5

1. Mandeln grob hacken und in einer Pfanne ohne Fett goldbraun rösten.

2. Mandeln mit Zimtstange, Sternanis und Aroma in ein gründlich gereinigtes, gespültes Glas geben. Kandis hinzugeben und mit dem Weinbrand übergießen.

3. Das Glas fest verschließen. Den Ansatz an einem kühlen, dunklen Ort (am besten im Keller) etwa 2 Wochen durchziehen lassen.

4. Anschließend den Likör durch ein mit einem Geschirrtuch ausgelegtes Sieb gießen und auffangen. Mandellikör in eine gründlich gereinigte, gespülte Flasche füllen. Die Flasche mit einem Flaschenverschluss fest verschließen und im Kühlschrank aufbewahren.

Variante: Für einen Vanille-Mandel-Likör das Mark von 1–2 Vanilleschoten (auch die Schoten) und 2 Pck. Dr. Oetker Vanillin-Zucker mit in den Ansatz geben. Nach dem Filtern und Abfüllen die Vanilleschoten wieder in die gefüllten Flaschen geben. Die Vanilleschoten geben dann weiterhin ihr Aroma ab.

Nuss-Nougat-Likör

Zum Verschenken

etwa 1,2 Liter

50 g gehackte Walnusskerne
50 g gehackte Mandeln
250 g Vollmilch-Schokolade
(mind. 35 % Kakaoanteil)
1 EL Sonnenblumenöl
4 EL Instant-Espresso-Pulver
250 g brauner Rohrzucker
1 Pck. Dr. Oetker Vanillin-Zucker
1 l weißer Rum (37,5 Vol.-%)

Zubereitungszeit: 40 Minuten
Durchziehzeit: etwa 2 Tage
Haltbarkeit: im Kühlschrank
etwa 6 Monate
Insgesamt:
E: 24 g, F: 98 g, Kh: 395 g,
kJ: 20053, kcal: 4786, BE: 33,0

1. Walnusskerne und Mandeln in einer Pfanne ohne Fett rösten und beiseitestellen.

2. Schokolade in Stücke brechen. Schokolade und Öl in einem kleinen Topf im Wasserbad bei schwacher Hitze unter Rühren schmelzen und mit Espressopulver verrühren. Nach und nach Zucker und Vanillin-Zucker unterrühren. So lange rühren, bis sich der Zucker vollständig gelöst hat.

3. Schokoladen-Masse mit den beiseitegestellten Walnusskernen, Mandeln und Rum verrühren und in ein großes, gründlich gereinigtes, gespültes Glas füllen. Das Glas gut verschließen und etwa 2 Tage kühl und dunkel gestellt (am besten im Keller) durchziehen lassen. Zwischendurch mehrmals kurz schütteln.

4. Anschließend den Nuss-Nougat-Likör durch ein feines Sieb passieren und in gründlich gereinigte, gespülte Flaschen füllen. Die Flaschen mit je einem Flaschenverschluss fest verschließen und im Kühlschrank aufbewahren.

Orangen-Sahne-Likör

Foto – raffiniert

etwa 1,3 Liter

Saft (etwa 1 l) und Schale von
8 Bio-Orangen
125 g weißer Kandis
500 g haltbare Schlagsahne
3 Eigelb (Größe M)
700 ml Wodka (40 Vol.-%)

Zubereitungszeit: 20 Minuten,
ohne Durchziehzeit
Durchziehzeit: etwa 1 Stunde
Haltbarkeit: im Kühlschrank
8–10 Wochen
Insgesamt:
E: 28 g, F: 179 g, Kh: 229 g,
kJ: 17987, kcal: 4297, BE: 19,0

1. Orangen gründlich heiß abwaschen und abtrocknen. Die Schale abreiben. Dabei darauf achten, dass nur die orange Schale und nicht das Weiße abgerieben wird. Orangen halbieren und den Saft auspressen. Den Saft in einem Topf bei mittlerer Hitze sirupartig einkochen lassen.

2. Kandis, Schlagsahne und Orangenschale in einen Topf geben, kurz aufkochen lassen und etwa 1 Stunde durchziehen lassen. Eigelb in einer großen Rührschüssel verschlagen.

3. Die Sahne nochmals aufkochen, heiß zu dem Eigelb geben und gut verrühren. Orangensirup und Wodka hinzugießen und gut verrühren.

4. Anschließend den Likör durch ein feines Sieb gießen und in gründlich gereinigte, gespülte Flaschen füllen. Die Flaschen mit je einem Flaschenverschluss fest verschließen. Den Likör erkalten lassen und im Kühlschrank aufbewahren.

> **Hinweis:** Für den Orangen-Sahne-Likör nur ganz frische Eigelb verwenden, die nicht älter als 5 Tage sind (Legedatum beachten!).

Feigen-Sahne-Likör

Zum Verschenken

etwa 0,8 Liter

70 g getrocknete Feigen
3 EL Apfelsaft
10 Eigelb (Größe M)
200 g gesiebter Puderzucker
1 Prise gemahlener Zimt
125 g Schlagsahne
500 ml Weinbrand (43 Vol.-%)

Zubereitungszeit: 20 Minuten,
ohne Kochzeit
Durchziehzeit: 1–2 Tage
Haltbarkeit: im Kühlschrank
etwa 4 Wochen
Insgesamt:
E: 39 g, F: 105 g, Kh: 260 g,
kJ: 13761, kcal: 3286, BE: 21,5

1. Feigen fein würfeln. Apfelsaft in einem kleinen Topf erhitzen und die Feigen darin etwa 15 Minuten dünsten.

2. Feigen mit Saft in einen hohen Rührbecher geben, pürieren und anschließend durch ein feines Sieb streichen.

3. Eigelb, Puderzucker, Zimt und Sahne mit einem Mixer (Rührstäbe) aufschlagen, so lange rühren, bis eine cremige Masse entstanden ist. Nach und nach Weinbrand und pürierte Feigen hinzufügen und unterrühren.

4. Den Likör in gründlich gereinigte, gespülte Flaschen füllen, mit je einem Flaschenverschluss fest verschließen. Likör im Kühlschrank etwa 2 Tage durchziehen lassen.

> **Hinweis:** Für den Feigen-Sahne-Likör nur ganz frische Eigelb verwenden, die nicht älter als 5 Tage sind (Legedatum beachten!).

Pfefferminzlikör

Foto – für Gäste

etwa 1,5 Liter

250 ml Wasser
375 g Zucker
10 Tropfen natürliches Pfefferminzöl (aus der Apotheke)
1 Tropfen grüne Speisefarbe
1 l Wodka (40 Vol.-%)
250 ml abgekochtes, erkaltetes
Wasser

Zubereitungszeit: 20 Minuten
Durchziehzeit: 5–7 Tage
Haltbarkeit: gekühlt 2–3 Monate
Insgesamt:
E: 0 g, F: 0 g, Kh: 374 g,
kJ: 15968, kcal: 3812, BE: 31,0

1. Wasser mit Zucker in einem Topf zum Kochen bringen und unter Rühren sirupartig einkochen lassen. Anschließend Pfefferminzöl und Speisefarbe unterrühren. Wodka mit dem Wasser hinzugießen und unterrühren.

2. Pfefferminzlikör in gründlich gereinigte, gespülte Flaschen füllen und mit je einem Flaschenverschluss fest verschließen. Den Likör 5–7 Tage an einem kühlen, dunklen Ort (am besten im Keller) durchziehen lassen und kalt gestellt aufbewahren.

> **Tipp:** Den Likör mit frischen Pfefferminzblättchen am Glasrand servieren.

Heller Pfefferminzlikör

Etwas aufwändiger

etwa 1,25 Liter

100 g Zucker
150 ml Wasser
75 g Pfefferminzbonbons
6 Stängel frische Minze
1 l Weizenkorn (38 Vol.-%)

Zubereitungszeit: 20 Minuten an
2 Tagen
Durchziehzeit: 1 Woche
Haltbarkeit: gekühlt
etwa 4 Wochen
Insgesamt:
E: 0 g, F: 1 g, Kh: 173 g,
kJ: 11319, kcal: 2705, BE: 14,5

1. Zucker mit Wasser zum Kochen bringen und etwa 1 Minute kochen lassen, dann etwas abkühlen lassen. Zuckerlösung mit den Pfefferminzbonbons in eine gründlich gereinigte, gespülte Flasche geben und 1 Tag stehen lassen (bis sich die Pfefferminzbonbons aufgelöst haben).

2. Minze abspülen, trocken tupfen und mit dem Weizenkorn in die Flasche geben. Flasche fest verschließen und kurz durchschütteln. Pfefferminzlikör kalt gestellt etwa 1 Woche durchziehen lassen.

Aufgesetzter mit Limetten

Foto – schnell gemacht

etwa 1 Liter

6–8 Bio-Limetten
2 Kaffirblätter (Limettenblätter, erhältlich im Asia-Laden)
50 g Zucker
1 l weißer Rum (37,5 Vol.-%)

Zubereitungszeit: 10 Minuten
Durchziehzeit: etwa 1 Monat
Haltbarkeit: kühl und dunkel etwa 6 Monate
Insgesamt:
E: 0 g, F: 0 g, Kh: 50 g,
kJ: 10525, kcal: 2510, BE: 4,0

1. Limetten gründlich heiß abwaschen und abtrocknen. Limetten mit einem Sparschäler dünn abschälen. Dabei darauf achten, dass nur die Schale und nicht das Weiße abgeschält wird. Kaffirblätter abspülen, trocken tupfen und klein zupfen.

2. Limettenschale, Kaffirblätter und Zucker in ein großes, gründlich gereinigtes, gespültes Glas füllen und mit Rum übergießen. Den Ansatz gut durchrühren, sodass sich der Zucker auflöst. Das Glas fest verschließen. Den Ansatz etwa 1 Monat kühl und dunkel gestellt durchziehen lassen.

3. Anschließend den Aufgesetzten durch ein mit einem Geschirrtuch ausgelegtes Sieb gießen und in gründlich gereinigte, gespülte Flaschen füllen. Die Flaschen mit einem Flaschenverschluss fest verschließen und kühl und dunkel gestellt aufbewahren.

Saurer Paul

Erfrischend

etwa 0,7 Liter

100 ml frischer Limettensaft
100 ml frischer Zitronensaft
50 ml Ananassaft oder Orangensaft
50 ml Grapefruitsaft
100 g Zucker
250 ml Wodka (40 Vol.-%)

Zubereitungszeit: 15 Minuten, ohne Koch- und Abkühlzeit
Haltbarkeit: im Kühlschrank etwa 1 Monat
Insgesamt:
E: 1 g, F: 0 g, Kh: 113 g,
kJ: 4502, kcal: 1075, BE: 9,5

1. Limettensaft mit Zitronen-, Ananas- oder Orangen-, Grapefruitsaft und Zucker in einem Topf unter Rühren erhitzen, bis sich der Zucker vollständig gelöst hat.

2. Die Saft-Zucker-Lösung zugedeckt vollständig abkühlen lassen. Dann den Wodka unterrühren.

3. Die Mischung in eine gründlich gereinigte, gespülte Flasche füllen und die Flasche mit einem Flaschenverschluss fest verschließen. Den Likör im Kühlschrank aufbewahren.

Tipp: Nach Belieben in Punkt 3 zur grünlichen Färbung 2–4 cl Blue Curaçao hinzufügen.

Glühwein-Likör-Essenz

Titelrezept – Foto – schnell

etwa 1,5 Liter

400 g brauner Kandis
½ Pck. Dr. Oetker Finesse
Geriebene Zitronenschale
½ Pck. Dr. Oetker Finesse
Orangenschalen-Aroma
700 ml trockener Rotwein,
z.B. Dornfelder
2 Zimtstangen
4 Gewürznelken
2 Stück Sternanis
600 ml Portwein
100 ml brauner Rum (54 Vol.-%)

Zubereitungszeit: 10 Minuten,
ohne Abkühlzeit
Durchziehzeit: etwa 1 Woche
Haltbarkeit: im Kühlschrank
etwa 12 Monate
Insgesamt:
E: 3 g, F: 0 g, Kh: 482 g,
kJ: 13622, kcal: 3253, BE: 40,0

1. Kandis, Zitronenschale, Orangenschalen-Aroma und Rotwein mit den Gewürzen in einen Topf geben, erhitzen und 10–15 Minuten siruppartig einköcheln und erkalten lassen.

2. Rotweinsirup mit Portwein und Rum verrühren und in ein großes, gründlich gereinigtes, gespültes Glas füllen. Das Glas fest verschließen. Den Ansatz an einem kühlen, dunklen Ort etwa 1 Woche durchziehen lassen.

3. Anschließend die Glühweinessenz durch ein mit einem Geschirrtuch ausgelegtes Sieb filtern und in gründlich gereinigte, gespülte Flaschen abfiltern. Die Flaschen mit je einem Flaschenverschluss fest verschließen.

Tipp: Geben Sie 1–2 Esslöffel von der Glühwein-Likör-Essenz in ein Teeglas und füllen Sie das Glas mit etwa 100 ml heißem Wasser oder Früchtetee auf. Servieren Sie das warme Getränk z.B. zu frischen Krapfen oder Berlinern.

Ingwerlikör

Zum Verschenken

etwa 1,5 Liter

120 g frische Ingwerwurzel
700 ml heller Traubensaft
250 g Zucker
500 ml Weingeist/Ethanol
(hochprozentiger Alkohol,
90 Vol.-%)

Zubereitungszeit: 25 Minuten,
ohne Koch- und Abkühlzeit
Durchziehzeit: 5 Tage
Haltbarkeit: kühl und dunkel
etwa 6 Monate
Insgesamt:
E: 2 g, F: 0 g, Kh: 370 g,
kJ: 19489, kcal: 4659, BE: 31,5

1. Ingwer schälen und fein würfeln. Traubensaft mit Zucker und Ingwerwürfeln in einem Topf zum Kochen bringen und etwa 10 Minuten kochen.

2. Die Saftmischung etwas abkühlen lassen, durch ein feines Sieb gießen. Die Flüssigkeit dabei auffangen und mit dem Weingeist verrühren.

3. Ingwerlikör in gründlich gereinigte, gespülte Flaschen füllen, mit je einem Flaschenverschluss fest verschließen und an einem kühlen, dunklen Ort (am besten im Keller) etwa 5 Tage durchziehen lassen.

Apfel-Feigen-Chutney

Foto – raffiniert

etwa 5 Gläser je 200 ml

1 kg Äpfel
50 g Ingwer
250 g Zucker
50 g abgezogene, gemahlene Mandeln
1 TL Senfpulver
1 gestr. TL Salz
125 ml Weißweinessig
2–3 frische Feigen
Salz, Zucker, Senfpulver
½ Pck. Einmach-Hilfe

Zubereitungszeit: 50 Minuten
Haltbarkeit: kühl, dunkel und trocken gestellt etwa 6 Monate
Insgesamt:
E: 17 g, F: 32 g, Kh: 378 g, kJ: 8021, kcal: 1919, 31,5

1. Die Äpfel waschen, schälen, vierteln, entkernen und in Würfel schneiden. Ingwer schälen und in Stücke schneiden.

2. Apfelwürfel mit Ingwerstücken, Zucker, Mandeln, Senfpulver, Salz und Essig in einen Topf geben, etwa 30 Minuten dünsten.

3. Feigen waschen, abtropfen lassen, enthäuten und in kleine Stücke schneiden. Feigenstücke zu den Apfelwürfeln in den Topf geben und etwa 15 Minuten mitdünsten lassen.

4. Das Chutney mit Salz, Zucker und Senfpulver abschmecken. Einmach-Hilfe unterrühren. Das Chutney sofort randvoll in vorbereitete Gläser füllen. Gläser mit Twist-off-Deckeln® verschließen, umdrehen und etwa 5 Minuten auf den Deckeln stehen lassen.

Tipp: Chutneys sind besonders pikante Saucen, die zu gebratenem, gekochtem und kaltem Fleisch, zu Fondues und zu exotischen Gerichten gereicht werden.

Apfel-Möhren-Chutney

Raffiniert

3–4 Gläser je 200 ml

4 süß-saure Äpfel (etwa 600 g)
250 g Möhren
1 Zwiebel
100 g Rosinen
120 g frisch geriebener Meerrettich
1 EL Currypulver (indisch)
1 TL gemahlener Ingwer
1 TL Senfmehl
300 ml Apfelessig
225 g Muscovadozucker
2 gestr. TL Meersalz

Zubereitungszeit: 25 Minuten
Durchziehzeit: etwa 2 Monate
Haltbarkeit: kühl und dunkel gestellt etwa 6 Monate
Insgesamt:
E: 13 g, F: 5 g, Kh: 367 g, kJ: 6934, kcal: 1647, BE: 29,5

1. Äpfel waschen, schälen, vierteln, entkernen und in kleine Stücke schneiden. Möhren putzen, schälen, abspülen, abtropfen lassen und der Länge nach in dünne Scheiben oder Streifen schneiden. Zwiebel abziehen, halbieren und in schmale Spalten (Halbmonde) schneiden.

2. Vorbereitete Zutaten in einen Topf geben. Rosinen, Meerrettich, Curry, Ingwer, Senfmehl, Essig, Zucker und Salz hinzugeben. Die Zutaten gut vermischen, unter ständigem Rühren bei schwacher Hitze zum Kochen bringen und 30–40 Minuten bei schwacher Hitze unter gelegentlichem Rühren köcheln lassen, bis alle Zutaten weich sind und eine marmeladenartige Konsistenz entstanden ist.

3. Chutney sofort randvoll in vorbereitete Gläser füllen. Gläser mit Twist-off-Deckeln® verschließen, umdrehen und etwa 5 Minuten auf den Deckeln stehen lassen.

4. Chutney kühl, dunkel und trocken gestellt vor dem Verzehr etwa 2 Monate durchziehen lassen.

Kürbis-Chutney

Foto – etwas aufwändiger

etwa 3 Gläser je 200 ml

350 g Kürbis (von etwa 500 g
Kürbis, vorbereitet gewogen)
150 g Ananas (von etwa 300 g
Ananas, vorbereitet gewogen)
200 g Zwiebeln
(vorbereitet gewogen)
100 g Paprikaschoten
(von etwa 150 g Paprikaschoten,
vorbereitet gewogen)
50 ml Apfelsaft
2 Lorbeerblätter
125 g Extra Gelierzucker 2:1
125 ml Apfelessig
20 g Salz
1 gestr. TL Currypulver
je ½ TL Cayennepfeffer, weißer
Pfeffer, Kreuzkümmel (Cumin),
Koriander (alles gemahlen)

Zubereitungszeit: **90 Minuten**
Haltbarkeit: **kühl und dunkel
gestellt etwa 6 Monate**
Insgesamt:
E: 9 g, F: 3 g, Kh: 184 g,
kJ: 3514, kcal: 834, BE: 14,5

1. Kürbis schälen und die Kerne entfernen. Kürbis in sehr kleine Würfel schneiden und 350 g abwiegen. Von der Ananas Blatt- und Strunkende abschneiden. Dann die schuppige Schale möglichst dick abschneiden, damit die „Augen" mitentfernt werden. Die Ananas vierteln und den mittleren harten Strunk herausschneiden. Ananasviertel in kleine Stücke schneiden und 150 g abwiegen.

2. Zwiebeln abziehen, in kleine Würfel schneiden und 200 g abwiegen. Paprikaschoten halbieren, entstielen, entkernen und die weißen Scheidewände entfernen. Schotenhälften abspülen, abtropfen lassen, in sehr kleine Würfel schneiden und 100 g abwiegen.

3. Die vorbereiteten Gemüse- und Obstzutaten in einen großen Kochtopf geben. Apfelsaft und Lorbeerblätter hinzufügen. Die Zutaten zum Kochen bringen und etwa 20 Minuten bei schwacher Hitze kochen lassen, dabei gelegentlich umrühren.

4. Lorbeerblätter entfernen. Extra Gelierzucker und Essig hinzugeben, wieder zum Kochen bringen und weitere etwa 8 Minuten unter Rühren bei starker Hitze kochen lassen. Den Topf von der Kochstelle nehmen. Chutney mit Salz und den restlichen Gewürzen verrühren.

5. Chutney sofort randvoll in vorbereitete Gläser füllen. Gläser mit Twist-off-Deckeln® verschließen, umdrehen und etwa 5 Minuten auf den Deckeln stehen lassen.

Dattelchutney

Raffiniert – mit Alkohol

2–3 Gläser je 200 ml

150 g frische Datteln
50 g Ingwer
4 EL Feigenlikör
1 TL Sambal Oelek
2 EL geröstete, gehobelte
Mandeln
125 g Schlagsahne
etwa 1 EL Sherry

Zubereitungszeit: **35 Minuten**
Haltbarkeit: **gekühlt etwa 2 Tage**
Insgesamt:
E: 11 g, F: 56 g, Kh: 106 g,
kJ: 4464, kcal: 1066, BE: 9,0

1. Die Haut der Datteln abziehen. Datteln längs halbieren und jeweils den Stein herausnehmen. Dattelhälften in kleine Würfel schneiden. Ingwer schälen, abspülen, trocken tupfen und ebenfalls in kleine Würfel schneiden.

2. Dattel- und Ingwerwürfel in eine Schüssel geben. Likör, Sambal Oelek und Mandeln hinzugeben. Die Zutaten gut vermengen.

3. Sahne cremig (halbsteif) schlagen und unter die Dattel-Ingwer-Masse heben. Mit Sherry abschmecken.

4. Dattelchutney in vorbereitete Gläser füllen. Gläser mit Twist-off-Deckeln® verschließen und bis zum Verzehr kalt stellen.

Karamellisiertes Kürbis-Apfel-Relish mit Jamaikapfeffer

Fruchtig – würzig

etwa 1 ½ kg

500 g Äpfel, süß-sauer
(von etwa 4 großen Äpfeln,
vorbereitet gewogen)
500 g Hokkaidokürbis
(von etwa 750 g Kürbis,
vorbereitet gewogen)
250 g Zwiebeln
1 kleines Bund Dill
100 g Zucker
200 ml Obstessig oder weißer
Balsamico-Essig
200 ml Apfelsaft
1 Msp. gemahlener Piment
(Jamaikapfeffer)
Salz
gemahlener Pfeffer

Zubereitungszeit: **35 Minuten**
Haltbarkeit: **kühl und dunkel
gestellt 3–6 Monate**
Insgesamt:
E: 11 g, F: 2 g, Kh: 254 g,
kJ: 4721, kcal: 1127, BE: 20,5

1. Äpfel schälen, vierteln und entkernen. Apfelviertel in etwa 1 cm große Würfel schneiden und 500 g abwiegen. Kürbis abspülen, abtropfen lassen, halbieren und die Kerne mit einem Löffel herausschaben. Kürbishälften mit Schale ebenfalls in etwa 1 cm große Würfel schneiden und 500 g abwiegen.

2. Zwiebeln abziehen und klein würfeln. Dill abspülen und trocken tupfen. Die Spitzen von den Stängeln zupfen und klein schneiden.

3. Zucker in einem Topf goldgelb karamellisieren. Apfel-, Kürbis- und Zwiebelwürfel hinzugeben und 1–2 Minuten unter Rühren andünsten. Mit Essig und Apfelsaft ablöschen.

4. Die Zutaten bei mittlerer Hitze etwa 15 Minuten unter ständigem Rühren kochen. Piment unterrühren und weitere etwa 5 Minuten kochen lassen. Kurz vor Ende der Garzeit den Dill unterrühren. Mit Salz und Pfeffer abschmecken.

5. Relish sofort randvoll in vorbereitete Gläser füllen. Gläser mit Twist-off-Deckeln® verschließen, umdrehen und etwa 5 Minuten auf den Deckeln stehen lassen.

Tipp: Kürbis-Apfel-Relish passt gut zu gegrilltem Fleisch oder Fisch oder zum Würzen von Currygerichten.

Cranberry-Orangen-Relish

Gut vorzubereiten – mit Alkohol

3 Gläser je 200 ml

200 g Cranberrys
2 Kumquats mit Schale
(etwa 25 g)
100 g Orangenfilets
100 ml Weißwein
100 ml Orangensaft
50 g Zucker
1 cl Weinbrand
1 cl Himbeeressig
1 EL fein geschnittene
Zitronenmelisse
etwas Senfpulver
gemahlene Gewürznelken
gemahlener Pfeffer
evtl. 1 EL Speisestärke

Zubereitungszeit: 30 Minuten
Haltbarkeit: im Kühlschrank
etwa 7 Tage
Insgesamt:
E: 4 g, F: 1 g, Kh: 97 g,
kJ: 2112, kcal: 505, BE: 8,0

1. Cranberrys evtl. kurz abspülen, trocken tupfen und in kleine Würfel schneiden. Kumquats entstielen, abspülen und abtrocknen. Orangenfilets und Kumquats in kleine Würfel schneiden.

2. Die Fruchtwürfel in einen Kochtopf geben. Weißwein, Orangensaft und Zucker hinzufügen, zum Kochen bringen und etwa 15 Minuten kochen lassen.

3. Weinbrand, Himbeeressig und Zitronenmelisse hinzufügen. Mit Senfpulver, Nelken und Pfeffer würzen.

4. Evtl. Speisestärke mit etwas Wasser anrühren, in die Fruchtmasse rühren und unter Rühren aufkochen lassen.

5. Relish sofort randvoll in vorbereitete Gläser füllen. Gläser mit Twist-off-Deckeln® verschließen, umdrehen und etwa 5 Minuten auf den Deckeln stehen lassen. Oder Relish in Einkochgläser füllen. Jeweils Deckel und Gummiring nass auf den gesäuberten Glasrand legen und sofort mit Bügel oder Feder verschließen.

Tipp: Cranberry-Orangen-Relish zu geräucherter Putenbrust reichen.

Ananas und Birnen, eingemacht

Raffiniert

etwa 2 Gläser je 500 ml

1 Ananas (etwa 700 g)
1 kg nicht ganz reife Birnen
4 Sternanis
½–1 EL bunte Pfefferkörner
220 ml Wasser
500 g Extra Gelierzucker 2:1

Zubereitungszeit: 30 Minuten
Haltbarkeit: kühl und dunkel
gestellt etwa 1 Jahr
Insgesamt:
E: 7 g, F: 3 g, Kh: 651 g,
kJ: 11305, kcal: 2670, BE: 54,0

1. Von der Ananas Blatt- und Strunkende entfernen. Dann die schuppige Schale möglichst dick abschneiden, damit die „Augen" mitentfernt werden. Die Ananas vierteln und den mittleren harten Strunk herausschneiden. Ananasviertel erst in Scheiben, dann in sehr kleine Würfel (erbsengroß) schneiden und 500 g abwiegen. Den herauslaufenden Saft dabei auffangen.

2. Birnen waschen, schälen, vierteln, entkernen und in dünne Scheiben schneiden.

3. Ananaswürfel, -saft, Sternanis, Pfefferkörner und 220 ml Wasser in einem Topf zum Kochen bringen. Alles zugedeckt etwa 20 Minuten bei schwacher Hitze unter gelegentlichem Rühren köcheln lassen, bis die Ananaswürfel weich sind.

4. Birnenscheiben hinzugeben und zugedeckt weitere etwa 10 Minuten unter gelegentlichem Rühren köcheln lassen, bis die Birnenscheiben weich sind.

5. Gelierzucker unterrühren. Die Fruchtmasse zum Kochen bringen und unter ständigem Rühren mindestens 3 Minuten bei mittlerer Hitze kochen lassen.

6. Die Fruchtmasse sofort in vorbereitete Gläser füllen. Gläser mit Twist-off-Deckeln® verschließen, umdrehen und etwa 5 Minuten auf den Deckeln stehen lassen.

Tipp: Die eingemachten Ananas und Birnen schmecken gut zu kaltem Braten oder Käse.
Wenn Sie es gerne scharf-süß mögen, geben Sie zusätzlich 1–2 gewaschene, entkernte und in Streifen geschnittene Chilischoten zum Obst.

Exotische Frucht-Pickles

Mit Alkohol

etwa 3 Einkochgläser je 150 ml

500 g Ananas-Fruchtfleisch
(von 1 großen Ananas)
½ Bio-Zitrone
½ Bio-Limette
je ½ Cantaloup- oder Netz- und
Honigmelone (etwa 600 g)
Für die Weißweinlösung:
500 ml Weißwein
50 g Zucker
1 Zimtstange
¼ TL gemahlener Ingwer

Zubereitungszeit: 60 Minuten
Durchziehzeit: etwa 1 Woche
Haltbarkeit: kühl und dunkel
gestellt etwa 5 Monate
Insgesamt:
E: 4 g, F: 2 g, Kh: 142 g,
kJ: 4318, kcal: 1033, BE: 12,0

1. Ananas-Fruchtfleisch in dünne, kleine Stückchen schneiden. Zitrone und Limette heiß abwaschen, abtrocknen, halbieren und in dünne Scheiben schneiden.

2. Melonenhälften entkernen. Aus dem Fruchtfleisch mit einem Kugelausstecher kleine Kugeln ausstechen oder das Fruchtfleisch in kleine Würfel schneiden.

3. Die Früchte in die vorbereiteten Einkochgläser geben.

4. Für die Weißweinlösung Wein mit Zucker, Zimtstange und Ingwer in einem Topf zum Kochen bringen und etwa 5 Minuten kochen lassen.

5. Den heißen Sud über die Früchte gießen.

6. Jeweils Gummiring und Deckel nass auf den gesäuberten Glasrand legen und mit Klammern verschließen. Gläser auf den Auflagenrost in den Einkochtopf stellen und so viel kaltes Wasser hinzugießen, dass die Gläser zu drei Viertel im Wasser stehen.

7. Den Topf verschließen und die Frucht-Pickles etwa 30 Minuten bei etwa 75 °C einkochen. Die Gläser herausnehmen. Anschließend erkalten lassen und kühl aufbewahren.

8. Die Frucht-Pickles gekühlt vor dem Verzehr etwa 1 Woche durchziehen lassen.

Tipp: Frucht-Pickles zu Käseplatten oder Fondue reichen.

Ananas in weißem Rum

Foto – raffiniert

2,5–3 Liter

2 Ananas (je etwa 900 g)
300 g weißer Kandis
1–2 Vanilleschoten
1 Bio-Zitrone
400 ml weißer Rum (37,5 Vol.-%)

Zubereitungszeit: 50 Minuten
Durchziehzeit: etwa 1 Woche
Haltbarkeit: gekühlt
etwa 4 Monate
Insgesamt:
E: 5 g, F: 2 g, Kh: 431 g,
kJ: 14911, kcal: 3568, BE: 36,0

1. Von den Ananas jeweils das Blatt- und Strunkende entfernen. Dann die schuppige Schale möglichst dick abschneiden, damit die „Augen" mitentfernt werden. Ananas in etwa 1 cm dicke Scheiben schneiden und mit einem Ausstechförmchen die holzige Mitte ausstechen.

2. Ananasscheiben mit Kandis in ein großes, gründlich gereinigtes, gespültes Glas geben. Vanilleschoten in Stücke schneiden und hinzufügen.

3. Zitrone so schälen, dass die weiße Haut mitentfernt wird. Zitrone in Scheiben schneiden und mit dem Rum in das Glas geben. Das Glas verschließen und kalt gestellt etwa 1 Woche durchziehen lassen.

Pflaumen und Walnüsse in Armagnac

Im Foto hinten – für Gäste – mit Alkohol

1 Glas etwa 1 ¼ l

250 g Backpflaumen
100 g Walnusskerne
100 g brauner Kandis
6 Wacholderbeeren
1–2 Zimtstangen
0,7 l Armagnac (40 Vol.-%)

Zubereitungszeit: 15 Minuten
Durchziehzeit: etwa 2 Wochen
Haltbarkeit: etwa 3 Monate
Insgesamt:
E: 23 g, F: 65 g, Kh: 262 g,
kJ: 14041, kcal: 3352, BE: 22,0

1. Backpflaumen mit Walnusskernen, Kandis, Wacholderbeeren und Zimtstangen in ein vorbereitetes, verschließbares Glas geben und mit dem Armagnac auffüllen.

2. Das Glas verschließen und etwa 2 Wochen bei Zimmertemperatur durchziehen lassen.

Tipp: Anstelle von Armagnac können Sie auch Cognac verwenden. Pflaumen und Walnüsse in Armagnac schmecken gut zu Pudding und Lebkuchen-Soufflé.

Ingwer-Birnen, süßsauer

Titelrezept – gut vorzubereiten

etwa 3 Drahtbügelgläser je 1 l

2 kg kleine Birnen
Salz
Zitronensaft
Für die Essig-Zucker-Lösung:
375 ml Weißweinessig
250 ml Wasser
1 kg weißer Kandis
4 Gewürznelken
1 Stück Zimtstange
1 Stück getrockneter Ingwer
2–3 Sternanis

1 Pck. Einmach-Hilfe

Zubereitungszeit: 30 Minuten,
ohne Durchziehzeit
Haltbarkeit: kühl und dunkel
gestellt etwa 12 Monate
Insgesamt:
E: 13 g, F: 9 g, Kh: 1219 g,
kJ: 21186, kcal: 5065, BE: 101

1. Die Birnen waschen, schälen und Blüten und Stiele entfernen. Birnen in Wasser legen und etwas Salz und Zitronensaft dazugeben, um zu verhindern, dass die Birnen braun werden.

2. Essig, Wasser, Kandis, Nelken, Zimtstange, Ingwer und Sternanis in einem Topf zum Kochen bringen. So lange kochen, bis der Zucker vollständig aufgelöst ist.

3. Birnen portionsweise in der Essig-Zucker-Lösung fast weich kochen lassen. Birnen mit einem Schaumlöffel herausnehmen und in vorbereitete Drahtbügelgläser füllen.

4. Den Sud etwas einkochen lassen und über die Birnen gießen. Danach die Gläser mit den Deckeln verschließen.

5. Den Saft nach 3 Tagen abgießen und in einem Topf dick einkochen lassen. Den Topf von der Kochstelle nehmen und Einmach-Hilfe unterrühren.

6. Den Saft über die Birnen gießen. Die Gläser nach dem Erkalten jeweils mit Gummiring und Deckel verschließen.

Tipp: Geben Sie zusätzlich 50 g gehackte Walnusskerne zu den Birnen. Die Haltbarkeit verringert sich dann allerdings auf 4 Monate.

Rumtopf

Klassisch – mit Alkohol

1 Gefäß etwa 7 l

Im Juni:
600 g Erdbeeren
300 ml Rum (54 Vol.-%)
200 g Zucker

Im Juli:
600 g Süßkirschen
600 g Aprikosen
600 g Pfirsiche
300 ml Rum (54 Vol.-%)
200 g Zucker

Im August:
600 g Sauerkirschen
600 g Mirabellen
600 g Pflaumen
300 ml Rum (54 Vol.-%)
200 g Zucker

Im September:
600 g Birnen
wenig Zuckerlösung
300 ml Rum (54 Vol.-%)
200 g Zucker

Im Oktober:
600 g grüne und
blaue Weintrauben
600 g Ananas
300 ml Rum (54 Vol.-%)
200 g Zucker

Zubereitungszeit: 80 Minuten, ohne Abkühlzeit
Durchziehzeit: etwa 5 Monate
Haltbarkeit: kühl und dunkel gestellt etwa 5 Monate
Insgesamt:
E: 45 g, F: 16 g, Kh: 1595 g, kJ: 43653, kcal: 10416, BE: 133,0

1. Erdbeeren putzen, waschen, abtropfen lassen und entstielen. Große Früchte halbieren oder vierteln und in einen gründlich gereinigten und gespülten Rumtopf (7 l Inhalt) füllen.

2. Rum und Zucker vermischen, über die Früchte geben, zudecken und kühl stellen.

3. Süßkirschen waschen, abtropfen lassen, entstielen und entsteinen. Aprikosen und Pfirsiche waschen, abtropfen lassen, halbieren, entsteinen, kurze Zeit in kochendes Wasser legen (nicht kochen lassen), enthäuten, in Stücke schneiden und erkalten lassen.

4. Die Früchte in den Rumtopf geben. Rum und Zucker vermischen, über die Früchte geben, zudecken und kühl stellen.

5. Die Sauerkirschen waschen, abtropfen lassen, entstielen und entsteinen. Mirabellen waschen, kleine Früchte ganz lassen, große halbieren und entsteinen. Pflaumen waschen, abtropfen lassen, entstielen, entsteinen und enthäuten.

6. Die Früchte in den Rumtopf geben. Rum und Zucker vermischen, über die Früchte geben, zudecken und kühl stellen.

7. Birnen waschen, schälen, achteln und entkernen. Birnen in Zuckerlösung dünsten, abtropfen und erkalten lassen.

8. Die Früchte in den Rumtopf geben. Rum und Zucker vermischen, über die Früchte geben, zudecken und kühl stellen.

9. Weintrauben waschen, entstielen, halbieren und entkernen. Von der Ananas Blatt- und Strunkende entfernen. Dann die schuppige Schale möglichst dick abschneiden, damit die „Augen" mitentfernt werden. Die Ananas zuerst in Scheiben schneiden, dann mit einem Ausstechförmchen die holzige Mitte ausstechen. Ananasscheiben in kleine Stücke schneiden.

10. Die Früchte in den Rumtopf geben. Rum und Zucker vermischen, über die Früchte geben, zudecken und kühl stellen.

Tipp: Der Flüssigkeitsspiegel muss immer 1 cm hoch über den Früchten stehen (Früchte am besten mit einem Teller beschweren). Rumtopf gut verschließen, kühl und dunkel aufbewahren. Bei jeder Fruchtzugabe vorsichtig durchrühren.

Clementinen-Ratafia

Foto – erfrischend

etwa 1,2 Liter

12 Bio-Clementinen
1 TL Korianderkörner
2 Zimtstangen
700 ml Wodka (40 Vol.-%)
400 g Zucker

Zubereitungszeit: **20 Minuten**
Durchziehzeit: **etwa 2 Monate**
Haltbarkeit: **gekühlt
etwa 12 Monate**
Insgesamt:
E: 3 g, F: 1 g, Kh: 434 g,
kJ: 14196, kcal: 3390, BE: 36,0

1. Clementinen gründlich heiß abwaschen und abtrocknen. Clementinen mit einem Sparschäler dünn abschälen. Dabei darauf achten, dass nur die orange Schale und nicht das Weiße abgeschält wird. Schale in feine Streifen schneiden. Die Hälfte der Clementinen halbieren und den Saft auspressen, die andere Hälfte Clementinen in dünne Scheiben schneiden. Korianderkörner leicht zerstoßen. Zimtstangen in Stücke brechen.

2. Clementinenschale, -scheiben, -saft, Zimt, Wodka und Zucker in ein großes, gründlich gereinigtes, gespültes Glas füllen. Glas verschließen und kräftig schütteln. Ratafia etwa 2 Monate an einem kühlen, dunkeln Ort (am besten im Keller) durchziehen lassen. Zwischendurch schütteln.

3. Nach etwa 2 Monaten den angesetzten Ratafia durch ein mit einem Geschirrtuch ausgelegtes Sieb gießen und in Flaschen (je 0,6 l) füllen. Flaschen fest verschließen und kalt stellen.

> **Tipp:** Nach Belieben können Sie anstelle von Wodka auch Gin oder Weinbrand verwenden.
> Die herausgefilterten Clementinenscheiben in ein Glas geben und mit Ratafia aufgefüllt servieren.

Grapefruit in Wodka und Aperol

Erfrischend

etwa 2 Liter

180 g Zucker
600 ml Wasser
1 kg Bio-Grapefruits, z. B. Pink Grapefruits
etwa 300 ml Wodka (40 Vol.-%)
150 ml Aperol (Bitterlikör)

Zubereitungszeit: **35 Minuten**
Durchziehzeit: **etwa 1 Monat**
Haltbarkeit: **gekühlt
etwa 6 Monate**
Insgesamt:
E: 6 g, F: 2 g, Kh: 297 g,
kJ: 9263, kcal: 2215, BE: 25,0

1. Zucker mit Wasser in einem Topf unter Rühren erhitzen, so lange weiterrühren, bis sich der Zucker aufgelöst hat. Grapefruits gründlich heiß abwaschen, abtropfen lassen und jeweils quer in 6 Scheiben schneiden. Gründlich gereinigte, gespülte Gläser im Backofen bei niedriger Temperatur vorwärmen.

2. Grapefruitscheiben in die Zuckerlösung geben und 15–20 Minuten bei schwacher Hitze kochen lassen. Anschließend die Grapefruitscheiben mit einer langen Pinzette oder einer Schaumkelle aus der Zuckerlösung nehmen und in die vorgewärmten Gläser geben. Jeweils mit etwas Wodka und Aperol übergießen und mit der Zuckerlösung auffüllen. Gläser sofort fest verschließen. Gläser kurz auf den Kopf stellen, damit sich die Flüssigkeiten verbinden. Etwa 1 Monat an einem kühlen und dunkeln Ort (am besten im Keller) durchziehen lassen.

Schwarze Walnüsse

Mit Alkohol

1 Glas etwa 2 l

700 g grüne Walnüsse
200 ml Wasser
600 g Zucker
0,7 l Weinbrand (36 Vol.-%)

Zubereitungszeit: **3 Stunden**
(an verschiedenen Tagen), ohne
Einleg- und Abkühlzeit
Durchziehzeit: etwa 2 Monate
Haltbarkeit: etwa 6 Monate
Insgesamt:
Nährwerte lassen sich
nicht berechnen.

1. Die Walnüsse mit kaltem Wasser begießen und die Nüsse unter Wasser mit einer Nadel mehrmals einstechen (um keine schwarzen Finger zu bekommen, Gummihandschuhe tragen).

2. Die Walnüsse bleiben 10 Tage im Wasser liegen, dabei wird 2-mal täglich das Wasser gewechselt.

3. Am 11. Tag die Walnüsse abgießen und anschließend mit kochendem Wasser übergießen. Walnüsse abtropfen lassen.

4. Wasser mit Zucker in einem großen Topf zum Kochen bringen. Die Walnüsse darin etwa 50 Minuten kochen, gelegentlich umrühren. Nüsse in der Zuckerlösung etwas abkühlen lassen.

5. In ein vorbereitetes, verschließbares Glas (2 l Inhalt) füllen und erkalten lassen. Glas fest verschließen und kalt gestellt 4 Tage stehen lassen.

6. Die Walnüsse abgießen, dabei die Zuckerlösung auffangen. Zuckerlösung in einen Topf geben, zum Kochen bringen und etwa 5 Minuten kochen lassen.

7. Die heiße Zuckerlösung über die Walnüsse geben und erkalten lassen. Weinbrand unter Rühren hinzugießen.

8. Das Glas wieder fest verschließen und die Walnüsse kalt gestellt 2 Monate durchziehen lassen.

Tipp: Grüne Walnüsse werden Mitte bis Ende Juni geerntet. Die innere Schale der Nüsse muss noch weich sein. Schwarze Nüsse schmecken pur, passen gut als Beilage zu Wildgerichten, aber auch mit Vanillepudding als Dessert. Oder belegen Sie mit Frischkäse bestrichene Kräcker mit in Scheiben geschnittenen schwarzen Walnüssen.

Datteln in Dessertwein

Foto – raffiniert

etwa 1,1 Liter

etwa 300 g Datteln (ohne Stein)
½ Vanilleschote
½ Zimtstange
3 Gewürznelken
5 weiße Pfefferkörner
1 Msp. gemahlener Kardamom
125 g brauner Kandis
700 ml Dessertwein,
z.B. Eiswein, Sauternes, Marsala,
Sherry oder Portwein

Zubereitungszeit: **15 Minuten**
Durchziehzeit: **etwa 1 Monat**
Haltbarkeit: **gekühlt
etwa 6 Monate**
Insgesamt:
E: 7 g, F: 2 g, Kh: 373 g,
kJ: 9275, kcal: 2213, BE: 31,0

1. Datteln, Vanilleschote, Zimtstange, Gewürznelken, Pfefferkörner und Kardamom in ein großes, gründlich gereinigtes, gespültes Glas geben. Den braunen Zucker einstreuen und mit Dessertwein übergießen.

2. Das Glas fest verschließen und kurz schütteln. Die Datteln etwa 1 Monat kühl und dunkel gestellt (am besten im Keller) durchziehen lassen. Anschließend die Datteln auf ein Sieb geben, den Dessertwein dabei auffangen und in gründlich gereinigte, gespülte Flaschen mit einem weiten Flaschenhals abfüllen. Die Datteln aus dem Sieb in die Flaschen geben, die Flaschen fest verschließen und kalt gestellt aufbewahren.

Tipp: Die Datteln in Dessertwein passen sehr gut zu Käse und Nachspeisen. Servieren Sie die Datteln zu in Scheiben geschnittenen Ziegenkäse. Stecken Sie hierfür die Datteln mit einem Holzspießchen auf einer Scheibe Ziegenkäse fest.

Feigen in Portwein

Für Gäste

etwa 1,25 Liter

500 g frische, blaue Feigen
1 große Bio-Orange
2 Zimtstangen
6 Gewürznelken
4 Wacholderbeeren
250 g brauner Kandis
700 ml roter Portwein

Zubereitungszeit: **25 Minuten**
Durchziehzeit: **1 Woche**
Haltbarkeit: **gekühlt 1–2 Monate**
Insgesamt:
E: 8 g, F: 3 g, Kh: 397 g,
kJ: 9990, kcal: 2385, BE: 33,0

1. Feigen vorsichtig waschen, trocken tupfen, halbieren und in ein großes, gründlich gereinigtes, gespültes Glas geben. Orange gründlich heiß abwaschen, abtrocknen und mit einem Sparschäler dünn schälen. Dabei darauf achten, dass nur die orange Schale und nicht die weiße Haut abgeschält wird.

2. Orangenschale mit Zimtstangen, Gewürznelken, Wacholderbeeren und Kandis zu den Feigen geben und mit Portwein auffüllen. Das Glas fest verschließen und an einem kühlen, dunklen Ort (am besten im Keller) etwa 1 Woche durchziehen lassen.

Tipp: Feigen in Portwein zu Vanilleeis servieren.

Würziges Winterkompott

Raffiniert – mit Alkohol

etwa 4 Einkochgläser je 500 ml

1 kg feste, saure Äpfel
750 ml Wasser
Saft von 1 Zitrone
1 EL Weißweinessig
3–4 Orangen
250 g getrocknete Aprikosen
Für die Zuckerlösung:
400 g Zucker
1 Zimtstange
2 TL Gewürznelken
100 ml Orangenlikör

Zubereitungszeit: 75 Minuten
Haltbarkeit: kühl und dunkel
gestellt etwa 12 Monate
Insgesamt:
E: 19 g, F: 7 g, Kh: 684 g,
kJ: 13530, kcal: 3226, BE: 57,0

1. Äpfel waschen, schälen, mit einem Apfelausstecher das Kerngehäuse entfernen und die Äpfel in 1 cm dicke Scheiben schneiden.

2. Wasser mit Zitronensaft und Essig in einem Topf zum Kochen bringen. Apfelstücke portionsweise hinzugeben, zum Kochen bringen und etwa 1 Minute kochen lassen. Apfelscheiben auf ein Sieb geben und die Kochflüssigkeit auffangen.

3. Orangen so schälen, dass die weiße Haut vollständig entfernt wird. Orangen filetieren. Orangenfilets mit den Apfelscheiben und Aprikosen vermengen.

4. Für die Zuckerlösung den Zucker mit der aufgefangenen Kochflüssigkeit, Zimtstange und Nelken in einem Topf zum Kochen bringen und kurz aufkochen lassen, bis sich der Zucker vollständig aufgelöst hat. Den Topf von der Kochstelle nehmen.

5. Die Früchte in vorbereitete Einkochgläser füllen. Die Zucker-lösung mit Orangenlikör verrühren und über die Früchte gießen, sodass die Früchte mit der Zuckerlösung bedeckt sind.

6. Jeweils Gummiring und Deckel nass auf den gesäuberten Glasrand legen und mit Klammern verschließen. Gläser auf den Auflagenrost in den Einkochtopf stellen und so viel kaltes Wasser hinzugießen, dass die Gläser zu drei Viertel im Wasser stehen.

7. Den Topf verschließen und das Kompott etwa 30 Minuten bei etwa 90 °C einkochen.

Pflaumen, süßsauer-scharf

Mit Alkohol

etwa 1 l

1 kg Pflaumen
50 g Ingwer
25 g rote Pfefferschoten
½ Bio-Zitrone
50 ml Weiß- oder Rotweinessig
300 g brauner Zucker
(Kandisfarin)
150 ml Rotwein
150 ml trockener Portwein
1 Zimtstange
1 Msp. Einmach-Hilfe

Zubereitungszeit: 50 Minuten,
ohne Kühlzeit
Haltbarkeit: gekühlt 6 Wochen
Insgesamt:
E: 7 g, F: 2 g, Kh: 412 g,
kJ: 8284, kcal: 1978, BE: 34,5

1. Pflaumen waschen, gut abtropfen lassen, entstielen, halbieren, entsteinen, vierteln und in eine große Schüssel geben. Ingwer schälen und in dünne Scheiben schneiden.

2. Pfefferschoten abspülen, trocken tupfen, halbieren, entkernen und quer in dünne Streifen schneiden (danach gründlich die Hände waschen!). Zitronenhälfte heiß abwaschen, trocken reiben und die Schale mit einem scharfen Messer dünn abschälen oder mit einem Zestenreißer Streifen abziehen.

3. Essig mit Zucker, Rotwein, Portwein, Ingwerscheiben, Pfefferschotenstreifen, Zitronenschale und Zimtstange in einem Topf aufkochen. Die Flüssigkeit über die Pflaumenhälften gießen und zugedeckt über Nacht kalt stellen.

4. Pflaumenhälften auf einem Sieb abtropfen lassen, dabei den Sud auffangen. Pflaumenhälften in vorbereitete Gläser schichten. Gläser auf ein feuchtes Tuch stellen.

5. Den Sud nochmals aufkochen, evtl. mit Essig und Zucker abschmecken. Den Topf von der Kochstelle nehmen und Einmach-Hilfe unterrühren.

6. Den Sud kochend heiß über die Pflaumenhälften gießen, bis sie ganz mit dem Sud bedeckt sind. Gläser sofort mit Twist-off-Deckeln® verschließen, umdrehen und etwa 5 Minuten auf den Deckel stehen lassen. Pflaumen erkalten lassen und etwa 2 Tage vor dem Verzehr durchziehen lassen.

Tipp: Die Pflaumen zu Gänse-, Enten- oder Schweine-braten reichen.

Würziges Kompott
aus Birnen und Karotten

 *Raffiniert*

3–4 Gläser je 500 ml oder 2–3 Gläser je 750 ml

1 kg reife Birnen
800 g Zucker
500 ml Wasser
4–6 Lorbeerblätter
2 Zimtstangen
200 g Möhren
1 TL rote Pfefferbeeren

Zubereitungszeit: 25 Minuten, ohne Durchziehzeit
Haltbarkeit: kühl und dunkel gestellt 3–4 Monate
Insgesamt:
E: 6 g, F: 3 g, Kh: 893 g,
kJ: 15188, kcal: 3628, BE: 74,5

1. Birnen waschen, schälen, vierteln und entkernen. Dabei darauf achten, dass jeweils der Stiel an den Birnen bleibt.

2. Zucker und Wasser zu einem Sirup einkochen. Dafür Zucker und Wasser in einem Topf langsam erhitzen, dabei ab und zu umrühren. Bevor der Sirup aufkocht, muss sich der Zucker aufgelöst haben, da der Sirup sonst trüb wird. Sobald sich der Zucker aufgelöst hat, nicht mehr rühren und die Zuckerlösung zum Kochen bringen. (Der Sirup ist fertig, wenn er kleine Blasen wirft und an der Oberfläche ein „Netz" bildet.) Den Topf von der Kochstelle nehmen.

3. Vorbereitete Birnenviertel, Lorbeerblätter und Zimtstangen hinzugeben und in dem Sirup etwa 12 Stunden ziehen lassen. Birnenviertel dafür kalt stellen und ab und zu wenden.

4. Die Birnenviertel mit den Gewürzen und dem Sirup in dem Topf nochmals unter vorsichtigem Rühren aufkochen lassen. Den Topf von der Kochstelle nehmen. Die Birnenmasse erneut etwa 24 Stunden kalt gestellt ziehen lassen.

5. Am nächsten Tag Möhren putzen, schälen, abspülen, trocken tupfen und in etwa 1 cm dicke Scheiben schneiden. Möhrenscheiben und Pfefferbeeren zu der Birnenmasse geben. Nochmals unter Schwenken 10–15 Minuten bei schwacher bis mittlerer Hitze köcheln lassen. Nach Belieben Lorbeerblätter und Zimtstangen entfernen.

6. Birnenviertel, Möhrenscheiben und Pfefferbeeren mit einem Schaumlöffel aus dem Sud herausnehmen und in vorbereitete Gläser geben. Den heißen Sud hinzugießen, sodass alles reichlich mit dem Sud bedeckt ist.

7. Gläser mit Twist-off-Deckeln® verschließen, umdrehen und etwa 5 Minuten auf den Deckeln stehen lassen.

Tipp: Das Kompott braucht Zeit: Planen Sie etwa 3 Tage ein, bis das Kompott im Glas ist.

Süßsaure Rotwein-Pflaumen

Foto – mit Alkohol

etwa 3 Drahtbügelgläser je 500 ml

1 ½ kg Pflaumen
100 ml Weißweinessig
100 ml Wasser
1–2 Gewürznelken
1–2 Zimtstangen
1 Stück getrockneter Ingwer
Schale von ½ Bio-Zitrone
250 g brauner Kandiszucker
300 ml Rotwein

Zubereitungszeit: **20 Minuten**
Haltbarkeit: **kühl und dunkel
gestellt etwa 6 Monate**
Insgesamt:
E: 9 g, F: 1 g, Kh: 372 g,
kJ: 7498, kcal: 1797, BE: 31,0

1. Pflaumen waschen, gut abtropfen lassen und in vorbereitete Drahtbügelgläser geben.

2. Restliche Zutaten ohne Rotwein in einem Topf zum Kochen bringen. So lange unter Rühren kochen lassen, bis sich der Kandis vollständig aufgelöst hat. Die Gewürze mit einer Schaumkelle aus dem Sud nehmen. Rotwein unterrühren. Den Rotweinsud über die Pflaumen gießen.

3. Jeweils Gummiring und Deckel nass auf den gesäuberten Glasrand legen. Gläser verschließen und auf den Auflagenrost in den Einkochtopf stellen. So viel kaltes Wasser hinzugießen, dass die Gläser zu drei Viertel im Wasser stehen.

4. Den Topf verschließen und die Pflaumen etwa 30 Minuten bei etwa 75 °C einkochen. Die Gläser herausnehmen und erkalten lassen.

Tipp: Rotwein-Pflaumen zu Wildgerichten reichen.

Weinbrandquitten

Mit Alkohol

etwa 6 Gläser je 500 ml

2 kg Quitten
Für die Zuckerlösung:
500 g flüssiger Honig
500 g Zucker
etwa 4 EL Weißweinessig
700 ml Wasser
125 ml Weinbrand (38 Vol.-%)

Zubereitungszeit: **50 Minuten,
ohne Abkühlzeit**
Durchziehzeit: **etwa 1 Woche**
Haltbarkeit: **kühl und dunkel
gestellt 4–6 Wochen**
Insgesamt:
E: 8 g, F: 8 g, Kh: 990 g,
kJ: 18632, kcal: 4454, BE: 82,5

1. Von den Quitten den Flaum mit einem trockenen Küchentuch abreiben. Quitten schälen, halbieren, entkernen und in Scheiben schneiden.

2. Für die Zuckerlösung Honig mit Zucker, Essig und Wasser in einem Topf zum Kochen bringen und kurz aufkochen lassen, bis sich der Zucker vollständig aufgelöst hat.

3. Quittenscheiben hinzufügen, zum Kochen bringen und bei schwacher Hitze 20–30 Minuten ziehen lassen.

4. Quittenscheiben mit einem Schaumlöffel herausnehmen, abtropfen lassen und in vorbereitete Gläser geben.

5. Die Flüssigkeit wieder zum Kochen bringen, dicklich einkochen und anschließend erkalten lassen. Weinbrand unterrühren und über die Quittenscheiben geben. Gläser mit Twist-off-Deckeln® verschließen und kühl und dunkel gestellt aufbewahren.

Eingekochter Kürbis, pikant

Gut vorzubereiten

etwa 2 Drahtbügelgläser je 1 l

Zum Vorbereiten:
2 kg Kürbis, z. B. Hokkaido- oder Muskatkürbis

Zum Marinieren:
(auf je 1 kg Kürbis [vorbereitet gewogen])
125 ml Weißweinessig
125 ml Wasser

Für die Essig-Zucker-Lösung:
etwa 175 ml Weißweinessig
etwa 175 ml Wasser
600 g Zucker
Saft und Schale von
½ Bio-Zitrone
1 kleines Stück geschälter Ingwer

Zubereitungszeit: 50 Minuten, ohne Marinier- und Abkühlzeit
Haltbarkeit: 6–8 Monate
Insgesamt:
E: 21 g, F: 3 g, Kh: 665 g, kJ: 11893, kcal: 2846, BE: 50,0

1. Zum Vorbereiten Kürbis schälen, halbieren und die Kerne mit einem Löffel herauskratzen. Kürbisfleisch in etwa 1 ½ cm große Würfel schneiden und in eine große Schüssel geben.

2. Zum Marinieren Essig und Wasser verrühren, auf den Kürbiswürfeln verteilen, zugedeckt über Nacht kalt stellen und durchziehen lassen.

3. Kürbiswürfel mit einem Schaumlöffel aus der Marinade nehmen und auf einem Sieb gut abtropfen lassen.

4. Für die Essig-Zucker-Lösung Essig, Wasser, Zucker, Zitronensaft, -schale und Ingwer in einem Topf zum Kochen bringen. Die Kürbiswürfel darin portionsweise 8–10 Minuten glasig kochen (nicht zu weich werden lassen).

5. Die Kürbiswürfel mit einem Schaumlöffel herausnehmen und in vorbereitete Drahtbügelgläser füllen. Die Essig-Zucker-Lösung abkühlen lassen. Die Gläser mit der Essig-Zucker-Lösung auffüllen.

6. Jeweils Gummiring und Deckel nass auf den gesäuberten Glasrand legen. Gläser verschließen und auf den Auflagenrost in den Einkochtopf stellen. So viel kaltes Wasser hinzugießen, dass die Gläser zu drei Viertel im Wasser stehen.

7. Den Topf verschließen und die Kürbiswürfel etwa 30 Minuten bei etwa 75 °C einkochen.

Tipp: Kürbis zu gebratenem Fisch oder Sülze mit Bratkartoffeln reichen.

Irish Stew

Titelrezept – dauert länger

etwa 4 Einkochgläser je 1 l

1 kg Wirsing
1 kg Kartoffeln
500 g Zwiebeln
750 g Lammfleisch
(ohne Knochen)
1 ½ l Fleischbrühe
Salz
gemahlener schwarzer Pfeffer
1 TL weiße Pfefferkörner
1 TL Senfkörner
Kümmelsamen
1 TL gerebelter Thymian

Zubereitungszeit: 50 Minuten,
ohne Abkühlzeit
Haltbarkeit: kühl und dunkel
gestellt etwa 6 Monate
Insgesamt:
E: 217 g, F: 213 g, Kh: 222 g,
kJ: 16310, kcal: 3895, BE: 18,5

1. Vom Wirsing die groben äußeren Blätter entfernen. Den Wirsing vierteln und den Strunk herausschneiden. Wirsingviertel in Streifen schneiden, waschen und gut abtropfen lassen.

2. Kartoffeln waschen, schälen, abspülen, abtropfen lassen und in Würfel schneiden. Zwiebeln abziehen und in kleine Würfel oder Scheiben schneiden.

3. Lammfleisch mit Küchenpapier abtupfen und in mundgerechte Würfel schneiden.

4. Die vorbereiteten Zutaten abwechselnd fest in vorbereitete Einkochgläser füllen.

5. Fleischbrühe in einem Topf zum Kochen bringen und mit Salz, Pfeffer, Senfkörnern, Kümmel und Thymian würzen. Die Brühe etwas abkühlen lassen. Anschließend über das eingeschichtete Gemüse und Fleisch gießen, sodass die Gemüse- und Fleischstücke gut mit der Brühe bedeckt sind.

6. Jeweils Gummiring und Deckel nass auf den gesäuberten Glasrand legen und mit Klammern verschließen. Gläser auf einen Auflagenrost in den Einkochtopf stellen. So viel kaltes Wasser hinzugießen, dass die Gläser zu drei Viertel im Wasser stehen.

7. Den Topf verschließen und das Irish Stew etwa 90 Minuten bei etwa 100 °C einkochen.

> **Tipp:** Irish Stew kann statt mit Lamm- auch mit Rindfleisch zubereitet werden. Geben Sie zusätzlich 2 geputzte und gewürfelte Möhren mit in die Einkochgläser.

Würzig eingelegte Rote Bete

Dauert länger

etwa 3 Gläser je 500 ml

4 große Knollen Rote Bete
(etwa 1 kg)
kochendes Salzwasser
(auf 1 l Wasser 1 TL Salz)
5 Zwiebeln
2 Lorbeerblätter
12–15 Gewürznelken
12–15 Pimentkörner
1 EL Senfkörner

Für die Essig-Zucker-Lösung:
500 ml Wasser
75 g Zucker
1 gestr. TL Salz
250 ml Weißweinessig

Zubereitungszeit: **50 Minuten**
Haltbarkeit: **kühl und dunkel
gestellt etwa 6 Monate**
Insgesamt:
E: 21 g, F: 7 g, Kh: 163 g,
kJ: 3561, kcal: 854, BE: 12,5

1. Von der Roten Bete Wurzeln und Blätter etwa 3 cm hoch über den Knollen abschneiden. Die Knollen mit der Bürste unter fließendem Wasser säubern, in kochendes Salzwasser geben, zum Kochen bringen und zugedeckt etwa 60 Minuten weich kochen lassen.

2. Die Rote Bete aus dem Kochwasser nehmen, mit kaltem Wasser übergießen, schälen, evtl. vierteln und in Scheiben schneiden.

3. Die Zwiebeln abziehen und in Scheiben schneiden. Lorbeerblätter in kleine Stücke brechen.

4. Rote-Bete-Scheiben mit Zwiebelscheiben, Lorbeerblattstückchen, Gewürznelken, Piment- und Senfkörnern gleichmäßig in vorbereitete Gläser schichten.

5. Für die Essig-Zucker-Lösung Wasser mit Zucker und Salz in einem Topf kurz aufkochen lassen. Topf von der Kochstelle nehmen. Anschließend Weißweinessig unterrühren.

6. Die Essig-Zucker-Lösung über die Rote-Bete-Scheiben gießen. Die Gläser sofort mit Twist-off-Deckeln® verschließen, umdrehen und etwa 5 Minuten auf den Deckeln stehen lassen.

Tipp: Zum Häuten der Rote-Bete-Knollen empfiehlt es sich, dünne Gummihandschuhe zu tragen. Ansonsten entfernt man Rote Bete an den Händen mit Zitronensaft.

Ratgeber und praktische Tipps

Allgemeine Zubereitungsregeln

1. Nur Obst und Gemüse von bester Beschaffenheit sind zum Einmachen geeignet.

2. Das Einmachgut muss so frisch wie möglich verarbeitet werden.

3. Achten Sie immer auf Sauberkeit, sowohl bei der Vorbereitung von Obst und Gemüse als auch bei der Verwendung von Einmachgeräten, Gläsern und Töpfen.

4. Reinigen Sie die Gefäße gründlich vor jedem Gebrauch in heißem Wasser unter Zusatz eines handelsüblichen Spülmittels. Spülen Sie sie in klarem heißen Wasser nach und lassen Sie die Gefäße umgedreht auf ein Geschirrtuch gestellt abtropfen und erkalten.

5. Das Kochgut wird direkt nach dem Kochen mithilfe einer Schöpfkelle und evtl. eines Einfüllringes oder Trichters in die vorbereiteten Gefäße gefüllt. Gläser mit Twist-off-Deckeln® müssen randvoll gefüllt und sofort verschlossen werden. Die Gläser danach sofort umgedreht etwa 5 Minuten auf den Deckeln stehen lassen. So ist wenig Luft im Glas und der Inhalt optimal vor Verderb geschützt. Anschließend das Einmachgut in den Gläsern erkalten lassen.

Konfitüren, Marmeladen und Gelees

1. Beim Konfitürekochen werden Obst und Gelierzucker vermischt und auf etwa 100 °C erhitzt. Danach wird die heiße Fruchtmasse sofort in ausgespülte, heiße Gläser gefüllt und verschlossen. Beim Abkühlen entsteht im Glas ein Unterdruck, sodass in den Konfitüregläsern ein Vakuum entsteht.

2. Wenn Sie selbst hergestellten Saft ohne Zucker nutzen möchten, gibt es verschiedene Möglichkeiten zur Saftgewinnung:

3. Früchte im Dampfentsafter nach zeitlichen Angaben des Geräteherstellers entsaften.

4. Kleinere Fruchtmengen ohne Zucker mithilfe eines Schnellkochtopfes (Siebeinsatz) nach Angaben des Geräteherstellers entsaften.

5. Die Früchte mithilfe eines Siebes entsaften. Hierzu die Früchte kleinschneiden, mit etwas Wasser in einem Kochtopf weich kochen. Ein feines Sieb mit einem feuchten Tuch, z. B. Geschirrtuch (Mulltuch), auslegen. Den Fruchtbrei auf das Tuch geben, den herabtropfenden Saft auffangen. Der Saft lässt sich gut in Portionen einfrieren.

6. Zitrusfrüchte (z. B. Orangen, Zitronen, Grapefruit) können Sie einfach auspressen.

Liköre und Früchte in Alkohol

1. Die Früchte für Ihren Likör können Sie ganz nach Ihrem Geschmack auswählen, achten Sie darauf, dass Sie frische, knackige und einwandfreie Früchte verwenden, um ein Verderben der Früchte und des Likörs zu vermeiden.

2. Gewürze wie Vanilleschote, Zimtstange, Orangen- oder Zitronenschale, Kardamom, Ingwer oder Gewürznelken verfeinern den Fruchtliköransatz und geben ihm das gewisse Etwas.

3. Bei Zucker haben Sie die Wahl zwischen feinem Zucker, Puderzucker, braunem oder weißem Kandis, Rohrzucker und Honig.

4. Traditionell wird zum Ansetzen eines Likörs Weingeist (96 Vol.%, erhältlich in Apotheken) oder Kornbrand (38–42 Vol.-%) verwendet. Beide sind geschmacksneutral, Ansätze mit Weingeist müssen verdünnt, d. h. auf Trinkstärke herabgesetzt werden. Auch Destillate wie Wodka, Weinbrand, Rum, Gin oder Doppelkorn mit einem Alkoholgehalt zwischen 40 und 50 Vol.-% eignen sich für die Likörherstellung.

Lagerung von Eingemachtem

Lagern Sie Eingemachtes an einem kühlen, dunklen Ort. So ist es u. a. vor Farbveränderungen geschützt. Bewahren Sie angebrochene Gläser am besten im Kühlschrank auf und verbrauchen Sie den Inhalt bald.

Chutneys und Relishes

Die Geschmackskomponenten von Chutneys und Relishes – scharf, süß und sauer – harmonieren mit vielen Gerichten. Zur Zubereitung von Chutneys und Relishes benötigt man Essig, Zitrussäfte (Säure), Zucker (Süße) und Gewürze (Schärfe). Die Gewürze sollten möglichst frisch sein, denn sonst haben sie an Würzkraft verloren. Wichtige Gewürze für Chutneys und Relishes sind Senfkörner, Pfeffer, Cayennepfeffer, Paprikapulver edelsüß oder rosenscharf und Currypulver. Sie geben besondere Schärfe. Die aromatische Schärfe von Ingwer harmoniert besonders gut mit süß und sauer. Abgerundet wird der Geschmack z. B. durch Piment, Lorbeerblätter, Muskatnuss, Gewürznelken, Zimt und natürlich Salz.

Herzhaft Eingelegtes

Einlegen kann in einer Essig-Lösung oder in einer Essig-Zucker-Lösung erfolgen. Werden die Zutaten richtig dosiert, dann hindert die Säure nicht nur die in den Nahrungsmitteln enthaltenen Bakterien am Wachstum, sondern zerstört sie. Deshalb darf auf keinen Fall die in den Rezepten vorgeschriebene Essigmenge willkürlich herabgesetzt werden. Besonders gut eignen sich Wein-, Apfel- und Obstessig (zwischen 4 % und 7 % Essigsäure) zum Einlegen.

Eingekochtes

1. Nur unbeschädigte Einkochgläser und Deckel verwenden. Andernfalls ist kein fester Verschluss gewährleistet.

2. Die Gummiringe (brüchige oder beschädigte Ringe aussortieren) einige Minuten in klarem Wasser kochen lassen, sie dann zur Verwendung in frisches kaltes Wasser legen.

3. Vorbereitetes Gemüse oder Obst in vorbereitete Gläser schichten. Gewürze und weitere Zutaten ebenfalls einschichten.

(Fortsetzung Seite 126)

4. Die Einkochlösung noch heiß über Gemüse und Obst gießen, dabei die Flüssigkeit nur bis 2 cm unter den Rand füllen. Mit breiartigem Einkochgut die Gläser nur zu ¾ füllen.

5. Gummiring und Deckel nass auf den gesäuberten Glasrand legen. Die Gläser jeweils mit Bügel oder Klammern verschließen. Dabei darauf achten, dass sich die Gummiringe nicht verschieben.

6. Die Einkochgläser immer auf den Einsatz von Einkochtopf oder Einkochapparat stellen. Niemals direkt auf den Topfboden. Die Gläser sollen sich nicht berühren, da sie sonst springen können.

7. Wasser einfüllen, bis die Gläser zu ¾ ihrer Höhe davon umgeben sind. Gläser mit kaltem Inhalt mit kaltem oder lauwarmem Wasser, Gläser mit heißem Inhalt mit heißem Wasser aufsetzen.

8. Ein einwandfreies Thermometer, das bis in das Wasser hineinreicht, ist notwendig, um die Temperatur während des Einkochens einzuhalten.

9. Das Wasser darf nicht sprudelnd kochen, sondern nur ziehen.

10. Gläser nach der vorgeschriebenen Einkochzeit mithilfe von Topflappen aus Einkochtopf oder Einkochapparat nehmen und auf einem Rost oder Geschirrtuch abkühlen lassen. Erst dann Bügel oder Klammern entfernen und prüfen ob die Gläser fest geschlossen sind.

Allgemeine Hinweise

Abkürzungen

EL	=	Esslöffel
TL	=	Teelöffel
Msp.	=	Messerspitze
Pck.	=	Packung/Päckchen
g	=	Gramm
kg	=	Kilogramm
ml	=	Milliliter
l	=	Liter
evtl.	=	eventuell
Fl.	=	Fläschchen
geh.	=	gehäuft
gestr.	=	gestrichen
TK	=	Tiefkühlprodukt
°C	=	Grad Celsius

Kalorien-/Nährwertangaben

E	=	Eiweiß
F	=	Fett
Kh	=	Kohlenhydrate
kJ	=	Kilojoule
kcal	=	Kilokalorie
BE	=	Broteinheiten

Hinweise zu den Rezepten
Lesen Sie vor der Zubereitung – besser noch vor dem Einkauf – das Rezept einmal vollständig durch. Oft werden Arbeitsabläufe oder -zusammenhänge dann klarer. In jedem Rezept ist die Anzahl der Portionen angegeben.

Zutatenliste
Die Zutaten sind in der Reihenfolge ihrer Bearbeitung angegeben.

Arbeitsschritte
Die Arbeitsschritte sind einzeln hervorgehoben, in der Reihenfolge, in der sie von uns ausprobiert wurden.

Zubereitungszeiten
Die Zubereitungszeit ist ein Anhaltswert für die Zeit der Vorbereitung und die eigentliche Zubereitung. Die Haltbarkeiten sind, in der Regel, gesondert ausgewiesen.

Register

Für Fragen, Vorschläge oder Anregungen stehen Ihnen der Verbraucher-service der Dr. Oetker Versuchsküche Telefon: 00800 71 72 73 74 Mo.–Fr. 8:00–18:00 Uhr (gebührenfrei in Deutschland) oder die Mitarbeiter des Dr. Oetker Verlages Telefon: +49 (0) 521 52 06 58 Mo.–Fr. 9:00–15:00 Uhr zur Verfügung. Oder schreiben Sie uns: Dr. Oetker Verlag KG, Am Bach 11, 33602 Bielefeld. Oder besuchen Sie uns im Internet unter www.oetker-verlag.de, www.facebook.com/Dr.OetkerVerlag oder www.oetker.de.

Umwelthinweis	Dieses Buch und der Einband wurden auf FSC®-zertifiziertem, chlorfrei gebleichtem Papier gedruckt. Die Einschrumpffolie – zum Schutz vor Verschmutzung – ist aus umweltfreundlichem und recyclingfähigem PE-Material.

FSC
www.fsc.org

MIX
Papier aus verantwor-tungsvollen Quellen
FSC® C004592

Copyright	© 2014 by Dr. Oetker Verlag KG, Bielefeld
Redaktion	Jasmin Gromzik, Miriam Krampitz
Titelfoto	Thomas Diercks, Hamburg
Innenfotos	Walter Cimbal, Hamburg (S. 90, 125) Fotostudio Diercks: Thomas Diercks, Kai Boxhammer, Christiane Krüger, Hamburg (S. 4, 6, 10, 14, 16, 18, 20, 30, 32, 38, 46, 48, 50, 52, 58, 62, 64, 68, 70, 72, 74, 76, 78, 82, 84, 86, 92, 94, 96, 100, 102, 104, 108, 112, 114, 116, 118, 120, 122) Bernd Lippert (S. 40) Antje Plewinski, Berlin (S. 60) Christiane Pries, Borgholzhausen (S. 98) Axel Struwe, Bielefeld (S. 8, 12, 22, 24, 26, 28, 34, 36, 42, 54, 56, 66, 88, 106) Norbert Toelle, Bielefeld (S. 44) Brigitte Wegner, Bielefeld (S. 80)
Nährwert-berechnungen	Nutri Service, Hennef
Titelgestaltung	kontur:design, Bielefeld
Grafisches Konzept	fuchs-design, Sabine Fuchs, München
Gestaltung und Satz	MDH Haselhorst, Bielefeld
Druck und Bindung	Firmengruppe APPL, aprinta druck, Wemding

ISBN: 978-3-7670-1352-0